Béatrice Durand
Die Legende vom typisch Deutschen

W0085906

Béatrice Durand

# Die Legende vom typisch Deutschen

## Eine Kultur im Spiegel der Franzosen

Aus dem Französischen von Kirsten Kleine

Militzke

Dieses Buch wurde mit freundlicher Unterstützung des französischen Kultus-
ministeriums – Centre national du livre – veröffentlicht.


Bibliographische Information der Deutschen Bibliothek
Die Deutsche Bibliothek verzeichnet diese Publikation in der Deutschen Natio-
nalbibliographie; detaillierte bibliographische Angaben sind im Internet über
http://dnb.de abrufbar.

Übersetzung aus dem Französischen: Kirsten Kleine

Titel der französischen Originalausgabe:
»Cousins par alliance. Les Allemands en notre miroir«

Für die französiche Originalausgabe:
Copyright © 2002 by Editions Autrement, Paris

Für die deutschsprachige Ausgabe:
Copyright © 2004 by Militzke Verlag e. K., Leipzig

Lektorat: Diana Ruscher, Birgit Steiner
Umschlaggestaltung: Dietmar Senf, Ralf Thielicke
Satz: Claudia Hofmann
Gesetzt aus der Stone Serif
Druck und buchbinderische Verarbeitung:
DDF-Digitaldruckfabrik, Engelsdorf

Printed in Germany
ISBN 3-86189-725-3

Besuchen Sie den Militzke Verlag im Internet unter:
http://www.militzke.de

# Inhalt

# Vorwort zur deutschen Ausgabe

Auf den ersten Blick ist es ungewöhnlich, ein Buch über die Deutschen ins Deutsche übersetzen zu wollen: Wissen die Deutschen denn nicht am besten über sich selbst Bescheid? In der Tat wurde *Die Legende vom typisch Deutschen* ursprünglich für ein französisches Publikum geschrieben. Das Buch hatte die Intention, mit den herkömmlichen Vorurteilen über die Deutschen aufzuräumen und Aspekte deutschen Alltags, die in Frankreich weitgehend unbekannt sind, aus nächster Nähe zu beschreiben. Dadurch aber wurde den Franzosen ein Spiegel vorgehalten, in dem sie ein überraschendes Bild von sich selbst entdeckten. Der Blick von außen nimmt nicht unbedingt das wahr, was einer über sich selbst zu wissen glaubt. Umgekehrt gilt auch, dass der Vergleich Aspekte französischen Lebens ans Licht bringt, die nicht zum herkömmlichen Selbst- und Fremdbild von Franzosen gehören. Gerade deswegen kann dieses Doppelporträt für das deutsche Publikum interessant sein.

Unsere Gesellschaften sind mit sehr ähnlichen Problemen konfrontiert: Wie sollen aus Kindern Erwachsene werden? Wie sollen Arbeit und Freizeit verteilt werden? Mit welchen Werten sollen wir uns an die Zukunft wagen? ... Daher ist es nicht irrelevant zu wissen, wie die Nachbarn sich mit solchen Fragen befassen.

Das Buch erscheint im Deutschen in veränderter Fassung. Insbesondere wird auf Informationen verzichtet, die für das deutsche Publikum selbstverständlich sind. Das Porträt der einen Seite erfolgt immer aus der Perspektive der anderen und umgekehrt. Das wird in dieser Fassung noch systematischer betont. Schließlich ist dies ein Buch, das sich mit Perspektiven und Perspektivwechseln befasst. Im Blick von außen liegt eine wichtige Quelle der Erkenntnis.

Im Restaurant mit einem französischen Historiker, der zu einem Kolloquium in unsere Universität eingeladen ist: Ich frage ihn, wie ihm der Besuch von Leipzig, Dresden und Meißen gefallen hat. Mit entmutigter Miene antwortet er mir, die Stimmung in diesen Biergärten von Dresden an einem Sonntagnachmittag sei unglaublich traurig:»All die Leute, die essen und trinken, ohne ein Wort zu reden.« Und dieser Dresdener Barock lastet»schwer«, Ich frage zurück, ob es am Sonntagmittag in einer französischen Provinzstadt wesentlich fröhlicher zugeht. Aber er ist offensichtlich deprimiert von diesem touristischen Tag in Begleitung anderer Kollegen, meistenteils Italiener, die auch zum Kolloquium eingeladen sind.»Als ich in Leipzig ankam, haben die Leute ein Fußballspiel (EM 2000) in der Flughafenhalle angeschaut, und dabei sagten sie gar nichts. Es gab keine Stimmung.« Ich führe es auf die späte Stunde und den ungemütlichen Ort zurück. Um mir nun endlich verständlich zu machen, wie sehr es ihn bedrückt, sich in Deutschland aufzuhalten, erzählt er mir die folgende Anekdote: Anfang der 1950er Jahre, kurz nach Kriegsende, war er mit seinem Bruder in Bayern zum Campen. Vor der Abreise wurden sie gewarnt: Als Franzosen im besiegten und besetzten Deutschland könnten sie Opfer von Repressalien werden. Eines Abends hatten sie ihr Zelt an der Straßenkurve eines Berges aufgestellt. Die vorbeifahrenden Autos erleuchteten das Zelt mit ihren Scheinwerfern. Bei jedem Auto dachten sie, ihre letzte Stunde habe geschlagen.

Dieses Mal fällt mir nichts ein, was ich den Gründen seines Unbehagens entgegensetzen könnte. Im Verlauf der Konferenz erklärt er, sein Forschungsgebiet sei von zwei ausländischen Forschern erschlossen worden, einem Amerikaner und einem Deutschen. Lobend fasst er die Arbeiten des amerikanischen

Wissenschaftlers zusammen. Für seinen deutschen Kollegen hat er nur einen Kommentar:»Akademisch mit k, eine wahre Hundsarbeit«. *Hundsarbeit* ist jedoch keine gebräuchliche Metapher, jedenfalls nicht im Französischen. Man spricht zwar von einem Hundewetter oder einem Hundeleben, die Arbeit jedoch ist *benediktinisch* oder *römisch*. In diesem Fall wollte dieser Herr sicherlich von einer benediktinischen Arbeit mit vielen Fußnoten sprechen. Aber das Zusammentreffen von Arbeit und von Ausdrücken, die sich auf den Hund berufen und dabei immer negative Bedeutung haben, ist nicht zufällig. Er wollte damit die irgendwie erzwungene Bewunderung, die ihm eine universitäre Arbeit *deutscher Art* einflößte, mit ihrer unterstellten Schwere und ihrer Auslegung von Gelehrsamkeit, ausdrücken. Meine deutschen Kollegen und ich sind über diese Mischung von wirklichem Unwohlsein und Grobheit gegenüber seinen Gastgebern schockiert. Ganze zwei Tage lang findet dieser Herr lediglich die Bestätigung der Stereotypen, die er mitgebracht hatte. Wir können einfach nicht glauben, dass ein anerkannter Wissenschaftler die alten französischen Klischees über Deutschland (schwerfällig, still, ernst ...) wiederholt, ohne zu merken, wie lächerlich er sich macht.

Immer wieder ärgere ich mich über das, was ich in Frankreich über Deutschland und die Deutschen höre, sei es in der Presse oder gar in der Fachliteratur. Hier finde ich, mehr oder weniger raffiniert verpackt, die Fortsetzung alter Vorurteile über den deutschen Charakter und das historische Schicksal Deutschlands.

Der Mauerfall, so scheint mir, stellt eine Zäsur im französischen Diskurs über Deutschland dar. Die vorausgehende Periode, die Nachkriegszeit – davon ausgehend, dass diese Periode mit dem Mauerfall endet – war gekennzeichnet von einem manchmal voluntaristischen Einfrieren alter Klischees, sowohl im offiziellen Diskurs als auch im Volksmund. Um Bilder, die die gegenseitige Wahrnehmung über zwei Jahrhunderte belastet hatten, abzumildern, wurde der politische Diskurs vorsichtig. Im kollektiven Bewusstsein waren die Deutschen nicht länger die Boches oder Fritzen.

Der Verzicht auf alte Klischees hatte jedoch die Kenntnis voneinander nicht verbessert. Es entsteht sogar der Eindruck, er habe einer gewissen Leere Platz gemacht. Das Deutschland der Vergangenheit – sei es das romantische, das preußische, das Nazi-Deutschland oder auch noch das Deutschland des Wirtschaftswunders – war in Bildern erfasst, die irgendwie vertraut waren, trotz oder gerade wegen der Feindseligkeit.

Aber es scheint, dass nichts diese vertrauten Bilder ersetzt hat. Wenn ich in Frankreich von meinem Alltag in Deutschland erzähle, wecke ich Überraschung oder Skepsis bei meinen Gesprächspartnern. So, wie ich es ihnen beschreibe, stellen sie sich Deutschland nicht vor. In den meisten Fällen stellen sie sich übrigens überhaupt nichts vor. Deutschland bleibt für die Franzosen *terra incognita*. Man verbietet es sich, abgedroschene Klischees über das Land zu verbreiten, aber genaue Vorstellungen hat man genauso wenig. Es gibt eigentlich kein großes Interesse daran.

Um gerecht zu sein, muss man sagen, dass die Deutschen durch ihre Reisefreudigkeit wenigstens ein gewisses Maß an Interesse und Vertrautheit mit Frankreich zeigen. Diese Vertrautheit verhindert die Bildung neuer Stereotypen nicht, erlaubt aber, das andere Land direkt zu erfahren.

Ist der Grund der Gleichgültigkeit in der einfachen Tatsache zu suchen, dass Deutschland kein veritables Ziel für Massentourismus ist? An offiziellen Anstrengungen, die Kontakte zu verbessern, hat es selbst an der Basis nicht gefehlt: Mit keinem anderen europäischen Land pflegt Frankreich so intensive bilaterale Beziehungen. Die deutsch-französischen Verbindungen haben ihre Spezialisten, ihre Vermittler, ihre Zeitschriften, ihre Institutionen – beispielsweise das Deutsch-Französische Jugendwerk, das sich seit dem Ende des Zweiten Weltkrieges bemüht, die Kontakte und das Verständnis zwischen den beiden Zivilgesellschaften voranzubringen – und sie haben sogar ihren Fernsehsender, ARTE. Zur Vertiefung der deutsch-französischen Beziehungen beizutragen, hieß – und heißt immer noch – für eine gute Sache zu kämpfen, für Europa, für die Demokratie, für den Sieg über die Dämonen der Vergangenheit usw.

Seit zehn Jahren tauchen aber Diskurse auf, die das Wesen des deutschen Charakters und die historische Bestimmung Deutschlands wieder thematisieren. Oft sind sie von Feindseligkeit oder Misstrauen gefärbt, wie es einige verbale Entgleisungen bei staatlichen Gipfeltreffen sowie eine ziemlich zweideutige Literatur zeigen. In diesen Zeiten, da die Reform europäischer Institutionen diskutiert wird, reaktiviert eine ganze Anzahl französischer Publikationen die Bedrohung durch »alte Dämonen«[1]. Glücklicherweise handelt es sich dabei nicht um ein Massenphänomen. Die meisten Franzosen sehen in Deutschland nach wie vor lediglich ein (zu) gut organisiertes Land, das dicke Autos und erstklassige Heimwerkerutensilien herstellt. Davon weichen nur ein paar Intellektuelle oder ein paar Politiker ab, deren Auffassung anders ist. Deswegen sind die Diskurse jedoch nicht weniger beunruhigend. Einige von ihnen machen die Wiedervereinigung für die Wiedergeburt des deutschen Nationalbewusstseins verantwortlich. Eines ist jedenfalls sicher: Sie hat den französischen Versuch freigesetzt, Deutschland in ein historisches Schicksal einzusperren, das – unter verschiedenen Missgeschicken – Ausdruck eines ewigen, unwandelbaren Charakters ist.

Die Wahrnehmung Deutschlands durch die Franzosen bleibt aufgrund der Geschichte verzerrt, vor allem aufgrund der Erinnerung an die Nazi-Zeit und allgemein der Idee einer historischen Bestimmung. Unter diesem Aspekt waren die Äußerungen von Jean-Pierre Chevènement, die in Frankreich ebenso wie in Deutschland stark kritisiert wurden, exemplarisch. Als er sagte,

Deutschland versuche mit der föderalistischen Struktur ein typisch deutsches Modell durchzusetzen, ging er von einer Kontinuität aus:»Im Grunde träumt es immer noch vom Heiligen Römischen Reich Deutscher Nation. Es ist noch nicht geheilt von der Entgleisung, die der Nationalsozialismus in seiner Geschichte darstellte.« Es gebe eine geschichtliche Kontinuität von einem Weltreich ins andere und zukünftig zwischen der deutschen Vergangenheit und dem deutschen Projekt eines föderalen Europa. Diese Kontinuität der deutschen Geschichte spielt in einer gewissen französischen Wahrnehmung eine wichtige Rolle: Sie sei nach Chevènement – durch die ethnische Konzeption der Nation gegeben. Ich werde hier nicht versuchen, diese absurde Argumentation zu widerlegen. Das wurde bereits zur Genüge getan. Jedoch scheint sie mir typisch für die historische Besessenheit der französischen Wahrnehmung Deutschlands.[2]

Die französische Wahrnehmung Deutschlands privilegiert demnach die Geschichte und vor allem das, was an dieser Geschichte spektakulär oder fehlgelaufen ist. Sobald man sich vom politisch Aktuellen entfernt, sind es bekannte Themen deutscher Geschichte: die Tragödien, die Greuel, die euphorischen Momente. Die Berichterstattung der französischen Presse zum 10. Jahrestag des Mauerfalls fiel durch ihren marktschreierischen Charakter auf. Franzosen sind gierige Voyeure deutscher Geschichte(n).

Das Einreihen dieser Ereignisse in eine scheinbar logische Folge macht oft blind für die Gegenwart. Darüber hinaus gibt es einen Zusammenhang zwischen den mangelnden Kontakten an der Basis und dem permanenten Rückgriff auf die Geschichte: Die verfügbaren historischen Darstellungen füllen dieses Kontaktvakuum oder überschatten die Wahrnehmung. Oft genug wird in der Literatur, in der über das zeitgenössische Deutschland berichtet werden soll, ein Bild der Wirklichkeit entworfen, das bloß aus der Geschichte schöpft. Dabei wird nicht erkundet, wie Deutsche *heute* fühlen und denken. Mit allen Mitteln wird versucht, in der Gegenwart den Ausdruck einer Konstante wiederzufinden. Alle Ereignisse werden als bloße Aktualisierung eines ewigen deutschen Charakters interpretiert. Das Auftauchen der extremen Rechten in Österreich im Februar 2000 hat eine legitime Unruhe verursacht. Weniger legitim sind jedoch die Ausrutscher in Richtung einer pessimistischen Prophetie auf der Basis mechanischer Kontinuität mit der Vergangenheit, wie es dieser Kommentar eines namhaften französischen Leitartiklers bezeugt: »In einem Deutschland, wo die Identitätskrise der CDU und das Verschwinden der Autoritätsfigur Helmut Kohl das konservative Lager brüchig macht, hat der lange Marsch Haiders auf Berlin schon begonnen.« Weiter heißt es: »(...) Die Stärken des neuen nationalen germanischen Egozentrismus befinden sich in der Alpen-Trinität Haider-Blocher-Stoiber und der sozialen Basis des Dreiecks Wien-Zürich-München. Diese Basis könnte sich nun nach Antwerpen, Dresden und Berlin ausbreiten.«[3] Haider hat keinerlei Ambitionen in Richtung Deutschland kundgetan und er hat dort auch bislang keine besondere Resonanz gehabt. Wenn es eine Ideologie gibt, die in Deutschland heute niemanden mehr interessiert, dann ist es der Pangermanismus. Es ist also reichlich abwegig, eine Ausbreitung des Phänomens Haider zu prophezeien.

In einer Hinsicht jedoch hat die Rolle, welche die Erinnerung an die Vergangenheit in der Wahrnehmung des gegenwärtigen Deutschen spielt, nichts Überraschendes. Kein Nachdenken über Deutschland kann die Fragestellung über die Zeit von 1933 – 1945 aussparen, darüber, was ihr vorausging und ihr folgte. Demnach ist es immer noch verständlich, dass die Last der Geschichte in der Wahrnehmung der Gegenwart unvergleichlich größer ist, wenn es um Deutschland geht.

Was aber die französische Öffentlichkeit nicht weiß (oder nicht wissen will) ist, dass die Konfrontation mit der Vergangenheit, die *Vergangenheitsbewältigung*, für die Deutschen ein ständiges Thema öffentlicher Debatten ist. Davon zeugen u. a. der »Historikerstreit«, die Polemik zwischen Martin Walser und Ignaz Bubis, der Skandal, den die Konferenz von Peter Sloterdijk hervorrief, und die Diskussionen um das Denkmal des amerikanischen Architekten Peter Eisenman für die jüdischen Opfer der Schoa. In Frankreich wollen gute Geister diese Debatten, denen die deutsche Presse breiten Raum gibt, nur als Revisionismus deuten. Vielmehr sind sie jedoch ein Zeichen dafür, dass die Gesellschaft *sich ihrer Vergangenheit stellt.*

Die Gegenwart als bloße Folge der Vergangenheit zu interpretieren, kann ein angemessenes Verständnis derselben erschweren. Vereinfachtes Kausalitätsdenken verstellt den Blick auf die Gegenwart. Der französische Anthropologe Louis Dumont hat in Bezug auf Deutschland den Missbrauch der historischen Kontinuität kritisiert. Das Wirken der Vergangenheit in der Gegenwart ist nicht homogen, vor allem dann nicht, wenn es sich um die Entwicklung kollektiver Wesenszüge handelt oder um die Übertragung kultureller Inhalte. Verschiedene Vergangenheiten sind in der Gegenwart am Werk. Sie sind es auf verschiedene Art und mit unterschiedlicher Stärke. Darüber hinaus kann die Wirkung der Vergangenheit auf die Gegenwart ebenso gut die Form einer Kontinuität annehmen wie die eines gewollten Bruchs. Es ist möglich, sich durch Ablehnung einer bestimmten Vergangenheit wandeln zu wollen. Sowohl der Nationalsozialismus als auch die sozialistische Erfahrung haben indirekt viele Wesenszüge der deutschen Nachkriegsmentalität durch die Reaktionen geprägt, die sie mit sich brachten. Was jedoch den französischen Diskurs über Deutschland charakterisiert, ist seine undifferenzierte Auffassung von historischer Kausalität. Das erklärt auch, warum die Faszination der Franzosen für die Turbulenzen der deutschen Geschichte sie zur gleichen Zeit blind für die indirekten Auswirkungen historischer Veränderungen macht.

Eine andere Charakteristik des derzeitigen französischen Diskurses über Deutschland ist die weitgehende Außerachtlassung des Alltagslebens. Die Gesten, die Rhythmen, die Institutionen, die die Individuen prägen, das alles wird so gut wie nicht berücksichtigt.[4] Selbst die Schriften, die von der Art her Zeugnisse sind, beispielsweise Memoiren von Diplomaten, politischen Persönlichkeiten, Auslandskorrespondenten oder Kulturmittlern, verlassen kaum die Sphäre des Austauschs bei Gipfeltreffen und geben sich mit einigen oberflächlichen Bemerkungen über den Alltag zufrieden. Oder sie beschwören, um es noch einmal zu betonen, die kollektiven Wesenszüge der heutigen Deutschen durch das Prisma der Vergangenheit. Auch hier verhindert die besessene Bezugnahme auf die Vergangenheit eine vorurteilsfreie Beobachtung. Es gibt demnach eine ganze Schicht deutschen Lebens und deutscher Erfahrung, die der französischen Wahrnehmung entgeht. Da sich gerade in der augenscheinlichen Unbedeutsamkeit des Alltäglichen wesentliche Nuancen manifestieren, ist diese Lücke bedauerlich.

Die intellektuelle, literarische oder philosophische Geschichte spielt nach wie vor eine wichtige Rolle. Als würden Nietzsche- oder Heidegger-Lektüren kollektive Wesenszüge der heutigen Deutschen entschlüsseln.[5] (Dabei haben sich die Deutschen erst durch die französische Rezeption wieder mit dieser Tradition befasst!) Auch Deutschland kann man nicht nur über seine Tradition erfassen.

Mit diesem Wissen aus zweiter Hand heutige Alltagsmentalitäten zu erklären, ist anmaßend. Die Deutschen von heute verdienen, dass man ihnen direkt in die Augen schaut. Wegen der Last der Geschichte wirkt aber diese Forderung für viele provokativ.

Was die Analyse von Mentalitäten betrifft, stellen die Studien im Bereich interkulturelles Management eine erfreuliche Ausnahme dar.[6] Die Welt der Unternehmen und der Arbeit ist ein guter Prüfstein: Dort werden Ergebnisse verlangt und Tatsachen beobachtet. In diesem Kontext ist man eher geneigt, das in Frage zu stellen, was man zu wissen glaubt. Die andere Ausnahme sind die länderübergreifenden vergleichenden Studien, wodurch sich das spezifisch Deutsche und spezifisch Französische relativieren.[7]

Das vorliegende Buch ist polemisch, und zwar mit Absicht. Den historisierenden Darstellungen wollte ich eine ethnografisch inspirierte Analyse der Alltagsmentalitäten gegenüberstellen. Hierbei beschränke ich mich auf die heutige Gesellschaft, die ich kennen lernen und direkt beobachten konnte. Mein Ziel ist es, einen bestimmten Moment der deutschen Kollektivmentalität – und nur ihn! – zu beschreiben.

Diese bewusste Einschränkung zielt nicht darauf ab, die Geschichte zu ignorieren. Das wäre im Falle Deutschlands schlicht unmöglich. Es soll aber zunächst nur der gegenwärtige Zustand deutscher Kultur beschrieben werden. Erst dann stellt sich die Frage, was von der Vergangenheit blieb und was sich gewandelt hat. Es ist mit den kulturellen Zuständen wie mit der Sprache bei Saussure: Jeder Zustand hat seine innere Kohärenz, die für sich beschrieben werden kann. Das hindert nicht daran, diesen Zustand später historisch einzuordnen.

Methodisch ordne ich meinen Ansatz der teilnehmenden Beobachtung zu. Die direkte ethnografische Beobachtung scheint mir geeignet, der für den französischen Diskurs über Deutschland so typischen Versuchung, alles als notwendiges Ergebnis der Vergangenheit zu verstehen, etwas entgegenzusetzen. Diese Methode widersteht den Schlussfolgerungen in der kollektiven Psychologie.

Die Beobachtung hat jedoch auch ihre Grenzen und Tücken. Die Idee von der sich dem vorurteilsfreien Blick öffnenden Wirklichkeit ist eine alte epistemologische Illusion. Es kann passieren, dass man nur das sieht, was man sehen will, wie es ein hinlänglich bekanntes amerikanisches Experiment zeigt: Den Testpersonen wird ein Film vorgeführt, in dem ein Hausangestellter die

Alleen eines begüterten Anwesens fegt. Auf die danach gestellte Frage, ob der Gärtner weiß oder schwarz sei, wurde fast einstimmig geantwortet, er sei schwarz. Tatsächlich war er aber weiß. Gelebte Erfahrung schützt also keineswegs vor der Reproduktion abgedroschenster Klischees! Wie kann also die Realität erfasst werden, die immer in Gefahr ist, durch vorangehendes Wissen und Stereotype verschleiert zu werden, von denen man sie doch gerade befreien wollte? Wie kann der Anteil an Projektion ermessen werden, der in alle Beobachtungsmechanismen eindringt? Wie kann ihr entstellender Einfluss eingeschränkt werden?

In diesem besonderen Fall, in dem es um die Beobachtung einer fremden kulturellen Realität geht, kann man aus Schockerfahrungen, oder wenigstens aus kulturellen Missverständnissen, viel lernen. Das Klären von Missverständnissen ist der fruchtbarste Weg zur Erkenntnis. Darin liegt die Chance des Beobachters, seinen eigenen Einfluss auf die Beobachtung wahrzunehmen, von deren Objektivität und Unabhängigkeit er überzeugt ist.

Die kulturellen Unterschiede können, je nach Situation und Individuum, vielfältig erlebt werden. Man kann sich über sie freuen, wie es Goethe und Stendhal in Italien taten. Man kann aber auch darunter leiden. Einige Gesten des Gastlandes werden falsch interpretiert oder man wird selbst falsch interpretiert. Was kulturell kodiert ist, wird als persönliches Missgeschick wahrgenommen. Das Missverständnis in seiner harmlosen oder schwerwiegenden Form ist eine fundamentale Erfahrung des Lebens in einer anderen Kultur. Wenn diese sich häufen und Differenzen als Mangel angesehen werden, können sie einen wahren Schock hervorrufen. Der Kulturschock ist das negative Extrem der interkulturellen Begegnung.

Was mich betrifft, so glaubte ich, Deutschland und die Deutschen gut zu kennen. Auf der Grundlage zahlreicher Aufenthalte,

langjähriger Freundschaften, literarischer Kenntnisse und ernsthaften Interesses für die politische und soziale Entwicklung hatte ich mir ein Bild gemacht, welches ich für richtig hielt. Als ich
jedoch im Sommer 1990 nach dem Mauerfall und kurz vor der
Wiedervereinigung nach Deutschland zurückkam, um mich mit
meinem (deutschen) Mann und bald mit unserem ersten
(deutsch-französischen) Kind dort niederzulassen, habe ich ein
Land entdeckt, das ich so vorher nicht gekannt hatte. Das Leben
mit Kindern machte mich mit Milieus und Betätigungsfeldern
vertraut, die meine Wahrnehmung stark veränderten. Soziologen
gehen davon aus, dass Schule und Arbeit die Hauptagenten der
Akkulturation sind. Ich würde das Familienleben hinzufügen, vor
allem für diejenigen, die, wie ich, eine andere Kultur im Erwach-
senenalter erfahren. Entgegen allem Anschein ist der Lebens-
gefährte nicht unbedingt der beste Kulturmittler: Gerade wegen
seines Andersseins hat man ihn ja gewählt. Da er einem zu nah
ist, kann man nicht mit Sicherheit sagen, ob sein Anderssein kulturell oder persönlich bedingt ist. Dagegen erfährt man über die
Kinder die neue Kultur: Es gibt Kinderreime, Schulhofsprache
und die jeweils angesagten Schimpfwörter zu lernen. Institutionen und andere Eltern tauchen auf. All das erweist sich im
Prozess der Akkulturation als unentbehrlich. Die Erfahrung von
Fremdheit ist nicht nur die distanzierte Feststellung eines Un-
terschiedes. Bevor ich 1990 nach Deutschland zurückkehrte, hatte ich vier Jahre in den Vereinigten Staaten von Amerika verbracht – freiwillig. Dabei genoss ich so oft wie möglich meine
Situation des Fremdseins. Aber in Deutschland wurde ich mit
anderen Eltern und Lehrerinnen konfrontiert; ich lernte die Situationen und Institutionen, mit denen das Familienleben mich
zusammenbrachte kennen. Dann hatte ich manchmal das Gefühl, an die Grenzen meines interkulturellen guten Willens zu
stoßen. Eine Erfahrungsebene war erreicht, wo ich einen Widerstand in mir fühlte, wo ich mich weigerte, mich dem Spiel der

Anpassung zu beugen. In manchen ärgerlichen Momenten hörte ich mich antworten:»Ich bin keine deutsche Mutter.«Das sollten die anderen ruhig wissen.

Dieser Widerstand oder vielmehr die Interpretationsarbeit, die er hervorruft, kann zum methodologischen Prinzip erhoben werden: Er bringt einen tiefen Unterschied ans Licht. Die Arbeit der Interpretation besteht genau darin, die verwickelten Fäden dieses Missverständnisses zu entwirren. Die Erfahrung des interkulturellen Missverständnisses wird bei ihrer Reflexion eine sehr zuverlässige Erkenntnisquelle, weil sie den Beobachter zwingt, sich gegenüber dem Beobachteten zu positionieren. Die Kategorien, die er mitbrachte, muss er eventuell revidieren. Das Beobachtete ist nicht nur eine passive Realität. Es hat einen Bumerangeffekt, verändert den Beobachter und seine Deutungswerkzeuge. Insofern sind reflektierte Missverständnisse ein sehr gutes Mittel gegen die blinde Tradierung von Stereotypen.

Mein Versuch, die Spezifität der deutschen Kultur darzustellen, hat den Vergleich mit der französischen Kultur zur Grundlage. Ich beobachte den deutschen Alltag aus französischer Sichtweise. Dabei halte ich nur die Unterschiede fest, die mir von diesem Standpunkt aus wichtig erscheinen. Ein Beobachter anderer Herkunft wäre sicherlich offen für andere Aspekte des deutschen Unterschieds. Ich bediene mich also weder gewisser soziologischer A-Priori, noch der Kategorien, die die Franzosen traditionell für Deutschland anwenden. Meine Kategorien werden mir vom Vergleich vorgegeben.

Was der Blick von außen offen legt, entspricht natürlich nicht dem Blick der beobachteten Kultur auf sich selbst. Einige meiner Kommentare überraschen und irritieren sicherlich meine deutschen Gesprächspartner.

Aber selbstverständlich ist auch das Gegenteil wahr, denn die Vergleiche erhellen nicht nur das Verglichene, sondern auch den Vergleichenden selbst. Meine Beschäftigung mit Deutschland führt mich immer wieder zurück nach Frankreich und lässt es mich mit den Augen der deutschen Kultur sehen, in der ich jetzt lebe. Nach einer gewissen Zeit betrachtet man die eigene Kultur auch mal durch die Brille der anderen. So kann man jede Kultur aus dem Inneren heraus verstehen und die Reaktion der einen auf die andere voraussehen, selbst wenn das nicht vollkommen gelingen kann.

In ihrer Analyse der französisch-amerikanischen Missverständnisse sagte eine französische Anthropologin sehr schön: Selbst wenn es möglich sei, eine fremde Sprache akzentfrei zu sprechen, so sei es doch sehr viel schwieriger, ohne Akzent »eine Kultur zu sprechen«.[8] Ich würde hinzufügen, dass ein Augenblick kommt, wo man sogar den Ehrgeiz dazu verliert. In der ersten Zeit der Akkulturation (genau in der Phase, in der man am wenigsten dazu in der Lage ist) will man nicht als Fremder erkannt werden. Später aber kann es sein, dass man seinen »kulturellen Akzent« behalten will. In diesem Stadium ist der Akzent übrigens nicht mehr rein. Es ist nicht mehr der Originalakzent. Die Erfahrung des Fremden, die vielleicht die Erfahrung schlechthin ist, hat einen tiefgreifend verändert.

Ich werde demnach nicht versuchen, die Erinnerungen an ärgerliche Momente zu verschweigen. Meine eigenen Reaktionen, die meiner Gesprächspartner oder auch meiner in Deutschland lebenden französischen Bekannten und umgekehrt, haben nicht die Funktion, unsere Personen in den Mittelpunkt zu stellen. Die spontanen Werturteile, die zum Ausdruck kommen, sollen nicht als allgemeingültig verstanden werden. Sie machen nur Unterschiede zwischen den Kulturen deutlich. Missverständnisse darzustellen hilft, sie zu analysieren, wenn nicht sogar, sie zu beseitigen. Dieses Buch versteht sich als Bericht über einen Akkulturationsprozess. Dabei trenne ich nicht die Ergebnisse von dem Weg, der dort hingeführt hat.

Beim Versuch, die Wahrnehmungs-, Denk- und Handlungsmuster einer Kultur, kurz die software of the mind [9] einer Gruppe, darzustellen, ergeben sich methodische Probleme, allen voran das der Gültigkeit von Urteilen: Wenn ich etwas als typisch deutsch bezeichne, dann ist auch das ein Allgemeinurteil und eine Typisierung. Der Versuch, kollektive Züge sichtbar zu machen, führt fatalerweise zu generalisierenden Urteilen. Ist es möglich (und wünschenswert) zu verallgemeinern, ohne Stereotypen zu verfallen?

Ich selbst ärgere mich oft genug, wenn ich als Zeugin meiner eigenen Kultur angesprochen werde. Am ärgerlichsten ist es, wenn der Gesprächspartner den Ehrgeiz hat, Spezialist zu sein und mir meine eigene Identität erklären möchte. Umgekehrt bin ich ebenfalls regelmäßig über eine gewisse französische Deutschland-Kompetenz verärgert. Ich habe dann immer Lust auf Widerspruch, denn diese Bilder der anderen scheinen einem naturgemäß immer leicht daneben. Dennoch gibt es diesen kollektiven Unterschied – und der ist im Alltagsleben zu erfahren! Es ist eine Sache, die all diejenigen verspüren, die sich eines Tages in einer anderen Kultur bewegen, entweder freiwillig oder unfreiwillig, in der Euphorie des Tapetenwechsels oder im Leiden der Entwurzelung. Diese Erfahrungstatsache will als solche erfasst werden.

Unter welchen Bedingungen kann demnach etwas Fundiertes über den kulturellen Unterschied gesagt werden? Zunächst ist klar, dass es sich nur um einen Mittelwert handelt, der individuelle Variationen zulässt. Manche Verhaltensweisen sind zwar durch die kulturelle Prägung voraussehbar, diese sagt aber nicht, was Individuen aus ihr machen. Sie haben immer die Freiheit, sich gegen die Prägung zu definieren, sie zurechtzurücken. Meist ignorieren sie, wie sehr sie von ihr geprägt sind.

Ein Vergleich zwischen der kulturellen und der geschlechtlichen Differenz könnte gewagt werden. In beiden Fällen ist die Differenz eine erfahrbare Tatsache. Zudem ist es schwer, diese Differenz mit einer ewigen Natur zu erklären, die ein für alle Mal gegeben wurde. Beim kulturellen Unterschied kann man noch weniger von Natur sprechen als beim sexuellen Unterschied. Es sei denn, man glaubt an eine vereinfachte Klimatheorie. Der kulturelle Unterschied ist noch deutlicher als der sexuelle eine historische Konstruktion. Natürliche Bestimmungen werden zu historisch-kulturellen. Es bedarf einer Kultur, um die Natur zu interpretieren und sie mit einem Sinn zu versehen.

Von den Missverständniserfahrungen auszugehen, führt auch zur Unterschätzung von Ähnlichkeiten. Dabei gibt es doch zwischen Frankreich und Deutschland gemeinsame kulturelle Bezüge, die in einem gemeinsamen geschichtlichen Schicksal ihre Wurzeln haben.

Die gewählte Ordnungsgröße nationale Kultur muss gerechtfertigt werden. Eine nationale Gemeinschaft ist im anthropologischen Sinn eine Kultur. Aber es gibt nicht nur nationale Kulturen. Es gibt so viele Kulturen wie Menschengruppen: Generationskultur, Berufskultur, Unternehmenskultur; es gibt die Kultur eines sozialen Milieus, einer politischen Organisation, einer Religion, einer Region. Diese Gruppen sind kleinere Einheiten, Subkulturen der nationalen Kultur. Manche kulturellen Gemeinschaften sind transnational. So spricht man z. B. von einer protestantischen Kultur. Gleichermaßen kann man kulturelle Gruppierungen im größeren Rahmen betrachten. Dabei stellt sich die Frage, ob eine europäische Kultur existiert, die sich im Gegensatz zu einer anderen großen Gruppe, der nordamerikanischen Kultur, den asiatischen Kulturen etc. identifizieren lässt. Warum also von den Deutschen sprechen, und nicht von den Österreichern oder den Schweizern? Warum von den Deutschen im Allgemeinen sprechen, wo sie doch ein starkes Regionalbewusstsein haben und ein Bayer gerne betont, er habe mit einem Protestanten aus dem Norden nichts gemein? Die Nationalstaaten bleiben trotz Globalisierung ein fundamentales Organisationsprinzip unserer Gesellschaften. Insofern stellen sie auch eine relevante Skala für die Kulturanalyse dar.

Im wiedervereinigten Deutschland stellt sich trotz allem die Frage nach kulturellen Unterschieden und dem Verhältnis zwischen *Ossis* und *Wessis*. Diese Differenz, die bereits als Kulturschock[10] analysiert wurde, ist hier nicht mein Thema. Ich werde sie nur berücksichtigen, wenn das innerdeutsche Missverständnis Züge westdeutscher Mentalität ans Licht bringt. Es sei noch einmal betont: Ich spreche vom zeitgenössischen Deutschland, von nichts anderem. Kulturen sind nicht statisch. Es ist durchaus möglich, dass das, was ich auf den nächsten Seiten schreibe, in einigen Jahren nicht mehr stimmt, weil Europa an Bedeutung gewinnt, weil sich die demografischen Verhältnisse in Westeuropa verändern usw. So formuliert, klingt es wie ein Gemeinplatz. Im Prinzip ist jedermann damit einverstanden, die Konzepte und Methoden einer essentialistischen Völkerpsychologie zu verurteilen. Dabei darf nicht vergessen werden, dass diese Völkerpsychologie unter anderen Umständen, in der Zeit der deutschfranzösischen Feindschaft im 19. Jahrhundert und in der ersten Hälfte des 20. Jahrhunderts, geprägt wurde. Aber, wie ich bereits oben gesagt habe und auf die Gefahr hin, mich zu wiederholen, die Lektüre der Presse und einer gewissen Fachliteratur über Deutschland lässt Zweifel aufkommen, ob diese Phase der Völkerpsychologie hinter uns liegt. Sobald von Deutschland die Rede ist, erscheint die Geschichte merkwürdigerweise nicht als eine Dialektik zwischen sich ändernden und bleibenden Kräften, sondern nur als die Wiederholung ihrer selbst, das Aufbieten einer bleibenden deutschen Wesensart unter verschiedenen Missgeschicken. So wird der veränderten deutschen Gesellschaft seit 1945 aber nicht Rechnung getragen. Die Tiefe und die wahre Natur der Arbeit dieser Gesellschaft an sich selbst wird nicht anerkannt.

Mir ist bewusst, dass meine Darstellung Deutschlands nicht dem entspricht, was die französische Öffentlichkeit mit Deutschland verbindet. Von der rechtsradikalen Gewalt werde ich z. B. nicht sprechen, nicht, weil ich das Problem ignoriere, sondern weil diese Gewalt – auch wenn sie die Gesellschaft herausfordert – nicht repräsentativ für die Einstellungen und Handlungsweisen der meisten Deutschen ist. Meine Darstellung wird nicht flächendeckend sein. Um ein vollständiges Bild der deutschen Gesellschaft zu zeichnen, müsste man von unterschiedlichen sozialen Milieus und Berufsmilieus sprechen, von der Welt der Unternehmen, der Politik, der Medien, der verschiedenen Immigrantengruppen usw. Was ich beschreiben möchte, ist zugleich fundamentaler und bescheidener. Es ist der gemeinsame Nenner vor der sozialen, regionalen und professionellen Sozialisation.

Schließlich ist es mir unmöglich, ein homogenes Bild von Deutschland zu vermitteln. Manches scheint moderner als in Frankreich, anderes traditioneller. Es ist nicht möglich, für all die beobachteten Elemente eine einzige Erklärung zu finden, wie z. B. den Protestantismus oder den *Sonderweg*. In der Interpretation möchte ich vorsichtig bleiben, selbst wenn ich mich dabei auf Beschreibungen ohne abstrakte Erklärungen beschränken muss. Diese Vorsicht scheint mir wichtig, weil man zu oft der Versuchung erliegt, vorgefertigte Erklärungsmuster auf die Realität zu projizieren. Mit Brüchen zwischen den Erklärungsansätzen ist zu rechnen. Der Unterschied ist nicht aus einem Guss! Manche Gegensätze zwischen Frankreich und Deutschland erklären sich durch ältere Traditionen, andere durch neuere kollektive Erfahrungen, die nur ein paar Jahrzehnte alt sind. Darüber hinaus muss mit der Kreativität von Gesellschaften gerechnet werden. Immer wieder werden neue Institutionen und Beziehungsformen erfunden.

Ich bekam Lust, dieses Buch zu schreiben, als ich merkte, dass sich die Teile meines eigenen Deutschlandpuzzles zusammenzusetzen begannen und ein stimmiges Bild ergaben, aber auch, weil ich auf gewisse Tendenzen des aktuellen französischen Diskurses über Deutschland reagieren wollte. Die Vermutung liegt nahe, dass jeder, der in Deutschland gelebt und den Alltag mit Deutschen erlebt hat, nicht bei den Klischees eines humorlosen und autoritätsbesessenen Volkes bleiben kann.

Ich möchte hier nicht beweisen, wie es in Frankreich manchmal gemacht wird, dass die deutschen Grünen die Wiederbelebung einer Eigenart sind, die sich zuerst bei den Romantikern und dann bei den Nazis vorfand. Hier geht es darum, wie Eltern mit Kindern umgehen; wie Deutsche und Franzosen sich rechtfertigen, wenn sie ohne Fahrschein in der U-Bahn ertappt werden; wie sie ihre berufliche Laufbahn angehen und ihre Freizeit gestalten – kurz gesagt, eine Darstellung jenseits der üblichen Wahrnehmungsschwelle französischer Beobachter in Deutschland. Diese Ziele mögen manchem ernsthaften Historiker und Politologen lächerlich erscheinen. Diese scheinbaren Belanglosigkeiten sind jedoch fundamentale Aspekte des täglichen Zusammenlebens in einer Gesellschaft.

# Lehrjahre

Jede Gesellschaft hat ihre eigene Art, Kinder zu erziehen. Erziehung und Essgewohnheiten, die Art, Auto zu fahren oder am Schalter Schlange zu stehen, sind kollektiven Modellen unterworfen. Erziehung hat in zweierlei Hinsicht mit kollektiven Modellen zu tun: Sie ist von ihnen geprägt, trägt aber auch dazu bei, sie zu reproduzieren. Sie formt die zukünftigen Erwachsenen und ihre Weltanschauung. Sie gibt viele Aufschlüsse, die Werte einer Gesellschaft zu verstehen und stellt ein privilegiertes Feld für den Vergleich von Kulturen dar. Die Frage ist vielschichtig. Sie bezieht Erziehungspraktiken mit ein, aber ebenso das Ideal, das diese inspiriert. Es geht nicht nur darum, wie eine Gesellschaft mit ihren Kindern umgeht, sondern auch darum, welche Werte und Ideale Sie damit verbindet. Deshalb muss versucht werden, das Wertesystem zu rekonstruieren, das diesen Praktiken zugrunde liegt.

Die Erziehung wirft fundamentale Fragen auf: Die Definition des Individuums, seiner Berufung, seiner Beziehungen zum anderen und seines Platzes innerhalb der Gesellschaft. In Teil 2 und 3 werde ich auf jeden einzelnen Punkt gesondert eingehen. Zunächst möchte ich jedoch zeigen, wie die zeitgenössische deutsche Kultur auf ihre Art mit Kindern umgeht und die obigen Fragebündel miteinander verknüpft.

Um es kurz und abstrakt zu sagen: Die deutsche Erziehung konzentriert sich stärker auf das Kind. Dabei wirkt sie gleichzeitig beschützender und besorgter. Auch ist sie *anti-autoritärer*. Sie versagt es sich, dem Kind zu viele Erwartungen aufzubürden. Die französische Art dagegen sieht im Kind schon den zukünftigen Erwachsenen, ohne dabei viel Angst zu verspüren, ihm einen Teil seiner Kindheit zu rauben.

## Erste Schritte im Leben

Wenn das Kind da ist, denkt man in Frankreich – etwas schematisch dargestellt – alles ist gut, bis zum Beweis des Gegenteils. Und wenn es die geringste Schwierigkeit geben sollte, könnte die Wissenschaft etwas dagegen machen.[11] Deutsche Art ist es, auf Anhieb über alles beunruhigt zu sein, was passieren könnte und wogegen man sich von vornherein schützen müsse. In Frankreich wollen Kinderpflegerinnen und -ärzte beruhigend und entlastend wirken (»Babys weinen, das ist normal, machen Sie sich nichts daraus«). In Deutschland versuchen sie, Eltern die ganze Fülle ihrer Verantwortung bewusst zu machen: Man besteht auf der Gebrechlichkeit des Säuglings, lauert auf alle Gefahren. In Frankreich macht man es sich zur Pflicht zu sagen, die Untersuchungen seien nur Routine und die Eltern hören Komplimente über ihr Kind. Der deutsche Kinderarzt beharrt mit ernster Miene auf der Wichtigkeit der Hüftuntersuchung, »für den Fall, dass ...«. Die verschiedenen Kinderärzte, die wir in Berlin kennen gelernt haben, vermittelten mir immer den Eindruck, beunruhigt zu sein, selbst und vor allem dann, wenn überhaupt gar kein Grund dafür bestand. Wenn es wirklich an der Zeit war, sich Fragen zu stellen, fand ich sie nicht beunruhigter als die französischen Ärzte. Daraus lässt sich ihre normale Unruhe als Teil ihrer Rolle begreifen. Oft habe ich mich in Gesprächen mit ihnen schuldig gefühlt. Es scheint alles, was bei Kindern auftritt, vom Schnupfen bis zu Beulen, die Schuld der Eltern zu sein: »Ihr Kind hat eine Ohrenentzündung, weil Sie ihm die Nase nicht richtig geputzt haben...«; »es hat sich gestoßen, weil ihre Wohnung nicht kindgerecht eingerichtet ist« usw.

## Kindgerecht

In deutschen Elternratgebern fand ich es manchmal fast beleidigend, wie die Eltern zurechtgewiesen und ihre potentiellen Unzulänglichkeiten vorweggenommen werden. Mir fiel auf, wie sehr betont wird, dass das Kind für seine Entwicklung die ganze Liebe der Eltern brauche – vor allem die seiner Mutter. Als ob das nicht selbstverständlich wäre. Nach so viel Lektüre hatte ich den Eindruck, dass man an meiner Fähigkeit als Mutter zweifelte. Französische Ratgeber wollen höchstens bei Kommunikationsschwierigkeiten helfen.

Die Liebe, vor allem die Mutterliebe, muss in Deutschland demonstrativer sein. Ich erinnere mich daran, wie ich einmal von einer Mutter ermahnt worden bin, meinen von der Rutsche gefallenen Sohn »nicht liebevoll genug« getröstet zu haben. Umgekehrt fühle ich mich peinlich berührt von ostentativer Mutterliebe.

In der deutschen und französischen Fachliteratur wird die Schlafquantität für den Säugling unterschiedlich beurteilt. Danach müssen deutsche Kinder mehr schlafen. Mit dem richtigen Zeitpunkt für die Einführung fester Nahrung verhält es sich genauso. In Frankreich sollen die Babys viel früher feste Nahrung essen. In deutschen Handbüchern weigert man sich, die Entwicklung zu beschleunigen, wohingegen die französischen Ratgeber das Baby *wie einen Erwachsenen* behandeln wollen.

Das Stillen ist in Deutschland sehr viel verbreiteter – und auch viel länger, häufig bis zu einem Jahr und darüber hinaus. Ich habe Mi., die in Frankreich geboren ist, etwa sechs Monate lang gestillt. In ihrem ersten Lebensjahr ist sie einige Male mit mir zwischen Frankreich und Deutschland hin und her gereist. Als sie vier oder fünf Monate alt war, gab sich der französische Arzt, den ich für eine Impfung aufgesucht hatte, etwas erstaunt über das Stillen. Er tat so, als sei dies eine ethnologische Seltenheit. Mit sieben Monaten machte mir der deutsche Kinderarzt, den ich zur Auffrischung der vorherigen Impfung aufsuchte, Vorhaltungen, sie abgestillt zu haben, »was sicherlich nicht im Interesse des Babys war«. Das Stillen wird in Deutschland nicht nur gefördert, sondern auch in der Fachliteratur, d. h. in den Kinderpsychologiemagazinen und den Faltblättern, die in den Wartesälen der Kinderärzte ausliegen, als die *normale* Entscheidung gewertet. Ihr entzieht man sich nicht ohne medizinische Gründe. In Frankreich hingegen wird die Dokumentation der *Leche League*, der internationalen Organisation für das Stillen, nur vertraulich verteilt. Die Elternliteratur besteht nur rein formell auf der Überlegenheit der Muttermilch und zielt auf Entlastung des schlechten Gewissens beim Fläschchen-Geben: »Auch wenn Sie Ihr Kind nicht stillen, können Sie eine starke Gefühlsbindung zu ihm entwickeln.« Kürzlich habe ich in der feministischen Buchhandlung um die Ecke in einem Buch geblättert, das dazu ermutigt, das Kind länger als ein Jahr lang zu stillen. Im Klappentext bedauert man: »Ein Kind, das noch gestillt wird, wenn es schon läuft, ist in der westlichen Welt selten geworden«. Das Buch will trotzdem dazu ermutigen, »das weitere Stillen als essentielle Basis der Existenz zu sehen«.[12] Es versteht sich von selbst, dass dieser Empfehlung von der Mehrzahl der deutschen Mütter nicht Folge geleistet wird. Das Buch fordert aber den längeren engen Kontakt mit der Mutter als ein Ziel, das die westliche Welt bedauerlicherweise aus den Augen verloren habe. »Ich bin sicher«, sagt mir eine Französin, mit der ich diese Angelegenheit diskutiere, »dass das Stillen über ein Jahr hinaus die Kinder daran hindert, sich gut zu sozialisieren«. Weder für oder gegen das lange Stillen möchte ich hier Partei ergreifen. Bezogen auf das Wohl der Kinder kann ich nur feststellen: Die Vorstellungen davon, was für das Kind gut ist, sind in Frankreich und in Deutschland grundverschieden.

Auch werden die Babys in Deutschland etwas anders gekleidet als in Frankreich. In Deutschland hat man immer Angst, dem

Baby könne es zu kalt sein, und es wird zugedeckt. Dort, wo ein französisches Baby nur ein Hemdchen und einen Strampelanzug tragen würde, zieht man dem deutschen Baby noch weitere Schichten an, wovon mindestens eine aus Wolle ist, auch wenn es nicht nach draußen muss (Selbst- und Glatt-Rechtsgestricktes aus dicker Wolle, durch die Alternativen wieder in Mode gebracht, hat immer noch viel Erfolg). Selbst im Sommer trägt das Baby ein Baumwollmützchen, um es vor Zugluft zu schützen. Das Klima allein kann nicht alles erklären. In Deutschland soll das Kind noch mehr und noch länger mit einem weichen Kokon umgegeben werden.

Ob deutsche Babys mehr weinen, ist ziemlich schwer festzustellen. Aber das Weinen scheint im Leben der Eltern einen größeren Platz einzunehmen. Ich habe schreckliche Geschichten von Babys gehört, die ihre Eltern über Jahre am Schlafen hinderten. Es ging so weit, dass ich mich nach dem Grund fragte: Werden die französischen Babys früher zum Nicht-Weinen *dressiert*, weil man sie nicht jedes Mal hochnimmt, wenn sie weinen? Oder ist das Weinen ein ausnahmslos wichtiger Grund zur Besorgnis deutscher Eltern?

Was es auch immer sei, ein Kind lässt man nicht weinen. Das ist die grundlegende Botschaft der antiautoritären Haltung in den ersten Lebensmonaten. Mit dieser Haltung werden die autoritär festgelegten Stillzeiten abgelehnt. Nur mit Schrecken erinnert man sich an die Ratschläge des Dr. Spock, der empfohlen hatte, das Kind bis zum Zeitpunkt seiner Mahlzeit weinen zu lassen, um es nicht zu verwöhnen. Eine Kollegin hatte ihr wenige Wochen altes Baby in die Uni mitgebracht. Ich schäkerte mit dem Baby und sagte (auf Französisch) zu ihm: »Na, bist du nachts auch brav?« (brav franz.: sage). Und die Mutter, die nicht zuletzt aufgrund ihrer Lehrtätigkeit sehr gut Französisch sprach, antwortete mir schroff: »Babys müssen nicht brav sein. Sie werden nicht dazu erzogen, zu einer festen Zeit zu trinken.« Ich hatte die

Mutter nur indirekt fragen wollen, wie oft das Baby nachts kam. Aber das französische Wort »sage« hatte bei ihr die Vorstellung von passiven Kindern hervorgerufen, die still sein mussten, »sages comme des images« (»brav wie im Bilderbuch«). Brave Kinder sind verdächtig. Verdächtig dahingehend, in ihrer natürlichen Vitalität beschädigt worden zu sein.

Eine deutsche Freundin war nach der Geburt von Mi. zu Besuch bei uns. An jenem Tag wollte Mi. nicht einschlafen, da sie den ganzen Nachmittag nicht geschlafen hatte und mit den Nerven am Ende war. Sie schrie, selbst als sie auf unseren Knien lag. Schließlich brachte ich sie doch zu Bett, wo sie noch ein paar Minuten weinte, bevor sie in den Schlaf fand. Die Freundin war schockiert darüber und deutete es als Mangel an Liebe.

Ein Kind nicht weinen zu lassen und es vorzugsweise jederzeit auf Verlangen mit Muttermilch zu nähren, ist eine Art, sich an seinen Rhythmus zu gewöhnen, es wie eine Person zu behandeln und nicht wie ein Verdauungskanal, der eingestellt werden muss. Darüber hinaus sei es aus deutscher Sicht nicht nur sinnlos, sondern egoistisch zu versuchen, ihm Uhrzeiten aufzuzwingen. Dies geschehe nur zur Bequemlichkeit der Erwachsenen.

Auch in Frankreich ist man von den Ratschlägen des Dr. Spock abgerückt und von seinen übertrieben hygienischen Vorschriften, wie Säuglinge zu behandeln seien. Bessere Kenntnisse über die gefühlsmäßige und geistige Entwicklung der ganz Kleinen haben dazu beigetragen, die Dogmen der 1960er Jahre zu revidieren. In Deutschland hat das Pendel jedoch radikaler ausgeschlagen. Vielleicht da diese Dogmen wegen einer schnelleren Modernisierungswelle nach dem Krieg stärker angenommen wurden. Als Teil der alternativen Gegenkultur hat die Ablehnung der Erziehung nach Dr. Spock die herrschende Meinung tiefer beeinflusst. Aus der Sicht Deutschlands hat sich Frankreich in dieser Beziehung ein 1960er Jahre-Flair bewahrt.

## Ethnologisch inspiriert

Alles scheint bei den anderen besser zu sein, vor allem bei den Vertretern nichteuropäischer Kulturen. Das Buch der amerikanischen Anthropologin Jean Liedloff, *Auf der Suche nach dem verlorenen Glück*, ist in Deutschland seit 20 Jahren ein Bestseller.[13] In der Kultur der Yequana-Indianer soll die Geburt keine Trennung zwischen Mutter und Kind bedeuten. Die Kinder werden quasi ständig weiter getragen, bleiben in Kontakt mit dem Körper der Mutter, werden nicht zum Rhythmus der industriellen Zivilisation mit festen Schlafenszeiten usw. gezwungen. Die Freundin, die mir von diesem Buch erzählt hatte, präsentierte mir die Erziehung bei den Yequana als ein antiautoritäres Erziehungsmodell, das die Rhythmen des Kindes respektiert. Dieses idyllische Bild ist wie ein verlorenes Ideal aufgenommen worden. Auch wenn die westlichen Gesellschaften es nicht mehr reproduzieren können, sollten sie sich davon inspirieren lassen. Aus französischer Sicht sind deutsche Erziehungsstile, und nicht nur sie, von einer schuldgefärbten Nostalgie geprägt, die in Frankreich unbekannt ist.

So erklärt es sich, dass die Mode des Tragetuches in Deutschland, aber nicht in Frankreich Fuß fassen konnte. Jeder in Europa benutzt Kängurus und andere Baby-Trageutensilien. Das Tragetuch ist in Deutschland aber mehr als eine schlichte Bequemlichkeit wie der Autositz oder der Kinderwagen. Es ist vielmehr eine Philosophie der wahren Bedürfnisse des Kindes: mehr Nähe zum Körper dessen, der es trägt; die Möglichkeit zu schlafen, wann es will; Gefühl von Sicherheit, Wohltaten des Wiegens durch die Bewegungen des Erwachsenen, was es an das Leben vor der Geburt erinnert usw. Seminare, in denen man die verschiedenen Tragetechniken kennen lernt, suchen in Frankreich ihresgleichen.

Bei einer Freundin blätterte ich einmal ein Buch mit dem Titel *Zu dritt in einem Bett* durch. Dieses Buch rühmte die psychischen und praktischen Wohltaten davon. Der Säugling bekommt die gewünschte Nähe; die Eltern brauchen nachts nicht aufzustehen. Die Autorin des Buches berief sich auf Praktiken nichteuropäischer Kulturen und zu früheren Zeiten geläufige Sitten. Ein entsprechendes Buch ist mir in Frankreich nicht begegnet. Ich kann mir schlecht vorstellen, dass dieses sakrosankte Prinzip der modernen westlichen Erziehung – dass jeder in seinem Bett schläft und vor allem nicht die Kinder in dem der Eltern – in Frage gestellt werden könnte!

## *Elternsein – Eine nicht delegierbare Verantwortung*

Ein deutsches Baby fordert die ununterbrochene Anwesenheit zumindest eines Elternteils. Darüber herrscht in der Elternliteratur und auch in der Gesellschaft Einigkeit. Nur in der häuslichen Intimität und in Begleitung derer, die dazugehören, entwickelt sich das Kind zufriedenstellend. Unter diesen Voraussetzungen ist es verständlich, dass die elterliche Verantwortung nicht delegiert werden kann. Sein Baby einer Tagesmutter anzuvertrauen oder es in eine Krippe zu geben, ist, wenn nicht ein Verbrechen, so doch zumindest eine Entscheidung, der allenfalls mit großen Bedenken zugestimmt wird. Die Trennung von Eltern und Kind, von Kind und Wohnung, ist mit einem Tabu belegt: *»Ich will mein Kind noch nicht abgeben.«* Abgeben bedeutet fast, das Kind loswerden zu wollen, es zu verlassen. *»Du willst doch nicht dein Kind abgeben?«* Wie oft habe ich diesen Satz aus dem Mund gut meinender Freundinnen gehört, aber auch aus dem der Dame, die für die Vergabe von Krippenplätzen im Bezirksamt zuständig war: »Ist es wirklich nötig, dass sie so schnell wieder mit der Arbeit anfangen?« Als Mo. ein Jahr alt war, hat der Kinderarzt sich geweigert, die Unbedenklichkeitsbescheinigung zu unterzeichnen, mit der Begründung, eine kollektive Einrichtung sei für ein Kind in diesem Alter psychisch schädlich.

Eine schlechte Mutter ist auf Deutsch eine *Rabenmutter.* So wird eine unzulängliche Mutter stigmatisiert. Im Französischen hingegen misstraut man der Gluckenmutter *(la mère poule)*, der übertriebenen Mutter, die ihre Kinder nicht loslassen kann. Diese Etiketten, die eine Sprache zur Verfügung stellt oder nicht, fassen schon allein Konzeptionen des Elternseins zusammen, wie sie entgegengesetzter nicht sein könnten. Eine Kultur verdächtigt von vornherein die Mütter, zu viel machen zu wollen, die andere nimmt das Gegenteil an. In Deutschland werden Eltern verdächtigt, sich ihrer Verantwortungen zu entziehen, sie delegieren zu wollen. Und wenn man delegiert, dann nur, weil man es alleine nicht schafft: *Sein Kind abgeben* hat den Beigeschmack der Not.

Als echte französische Mutter habe ich immer gearbeitet. Schlimmer noch: An zwei Tagen in der Woche bin ich immer von zu Hause weg und demnach für die Familie nicht verfügbar.»Was soll nur aus deinen vernachlässigten Kindern werden?«, fragte mich einmal eine Kollegin vorwurfsvoll, als ich mit ihr zusammen im Restaurant aß.

In Deutschland wurden die Ergebnisse einer amerikanischen Studie sehr ernst genommen. Sie stellte fest, dass Kinder, die außerhalb ihrer häuslichen Umgebung betreut werden, später Symptome wie Aggressivität, Konzentrationsschwierigkeiten, asoziales Verhalten usw. zeigten. Dieses Ergebnis bestätigt die (spontane) deutsche Wahrnehmung. Deutsche Medien und Regierungsstellen (sowie das deutsche kollektive Bewusstsein!) fordern immer wieder in großen Plakataktionen»Mehr Zeit für Kinder«. Weitere Ergebnisse der gleichen Untersuchung – wie etwa, dass Kinder, die außerhalb betreut werden, besser sprechen und aufgeweckter sind – wurden ignoriert. Zur gleichen Zeit produzierten französische Soziologen eine durchaus vergleichbare Studie: Unter vergleichbaren Umständen (Anwesenheit beider Eltern im Haus, vergleichbare Familienstruktur und soziokulturelles Niveau) seien Kinder, die außerhalb betreut werden, in ihrem sozialen und kognitiven Verhalten weiter. Auch hier ist auffallend, wie jede Kultur zu dem Ergebnis kommt, das sie interessiert! Spontan würde die allgemein französische psychologische Weisheit sagen, es sei eine gute Sache für Kinder und Eltern, wenn sie ab und zu voneinander getrennt werden. Selbst die ganz Kleinen bräuchten neben den Eltern andere Bezugspersonen, seien es die Erzieherinnen in der Krippe, die Lehrerin in der *École maternelle* (Einrichtung, die in Frankreich die erste Stufe des Schulsystems ist), die Großeltern oder ein Au-pair-Mädchen. Wichtig erscheint eine vielfältige Sozialisation. Die deutsche psychologische Weisheit beharrt hingegen auf der Intimität des Haushaltes und der fortdauernden Anwesenheit der Eltern oder zumindest der Mutter.

Ich muss um der Ehrlichkeit willen sagen, dass wir nicht gezögert haben, unsere älteren Kinder sehr früh in einen Ost-Berliner Kindergarten zu geben, nachdem wir uns die Unbedenklichkeitsbescheinigung von einem anderen Kinderarzt ergattert hatten. Die Angebote an Kindergarten- und Krippenplätzen in unserem Stadtteil im Westen (damals Kreuzberg) war im Verhältnis zur Nachfrage zum Verzweifeln gering (die Warteliste war so lang, dass die Kinder fast schulreif gewesen wären). Dieser Kindergarten in Ost-Berlin war öffentlich und nahm Kinder von einem bis sechs Jahren auf. Er erfüllte gleichzeitig die Funktionen von Krippe und Kindergarten. Die Empörung bei unseren Bekannten und Freunden im Westen war groß: Nicht nur hatten wir unsere Kinder an eine Institution *abgegeben*, sondern noch dazu in einen Ost-Berliner Kindergarten! Französische Bekannte zeigten sich absolut verständnislos über diese west-deutsche Reaktion.

### Angst vor kollektiver Erziehung?

Hier wird ein sehr fundamentaler Unterschied zwischen Ost- und West-Deutschen angesprochen. Für die Familien in Ostdeutschland war es kein Verbrechen, ihre Kinder in die Krippe zu geben. Man fühlte sich dabei nicht schuldig.

Diese Haltung ist im Grunde der französischen sehr nahe und steht im krassen Gegensatz zu dem, was Soziologen den »Privatismus« der westdeutschen Erziehungsphilosophie genannt haben.[14] In der Tat beruht das Fehlen von Strukturen für die Betreuung kleiner Kinder in (West-)Deutschland auf einer Einstellung der Gesellschaft. Darüber herrscht Konsens. Für die Entscheidungsträger hat die Entwicklung von Strukturen, in denen potentiell alle Kinder im Vorschulalter betreut werden könnten, keine Priorität. Sie wird aber von der Öffentlichkeit auch nicht wirklich erwartet. Man zögert, sein kleines Kind in eine Einrichtung zu geben. Es herrscht Angst vor den verhängnisvollen Konsequenzen dieses frühen »Verlassens«.[15] Die zu frühe Trennung des Kindes von seiner Mutter könnte psychischen Schaden verursachen, wie etwa Gefühlsarmut und Verhaltensstörungen. *Sein Kind abgeben* ist aus deutscher Sicht eine Lösung, auf die man nur im Notfall zurückgreift und die wahrscheinlich für das Kind schädlich ist. In französischen Elternratgebern ist nichts dergleichen zu lesen. Selbst wenn man sich Gedanken über eine angemessene und liebevolle Betreuung macht, stellt das Abgeben kein Tabu dar. Die meisten Kleinkinder werden bei Tagesmüttern oder in Krippen betreut. Dabei haben die Familien und die Gesellschaft kein schlechtes Gewissen.

Eines Tages sagte eine ältere Dame, deren Kinder in den 1960er Jahren klein waren, zu mir:»Keines meiner Kinder hat in die Krippe oder in den Kindergarten gehen müssen.« Es klang, als ob das nur bedürftige Familien oder ledige Mütter nötig hätten, die arbeiten gehen»müssen«. Eine solche Bemerkung hätte eine Französin der gleichen Generation nicht gemacht. Die Haltung nachfolgender Generationen – selbst der meinen – vor allem in Bezug auf die ersten Lebensjahre hat sich in Deutschland nicht grundlegend geändert. Nur die Motivationen sind andere. Zwar wird den Frauen nicht mehr notwendigerweise der Platz zu Hause bei den Kindern zugewiesen, aber man ist davon überzeugt, dass das Kind nicht aus der Geborgenheit der Familie herausgerissen werden darf. Von der Notwendigkeit eines engen Verhältnisses von morgens bis abends zwischen Mutter und Kind ist man so überzeugt, dass das Misstrauen gegenüber den Möglichkeiten kollektiver Betreuung, Krippe oder Tagesmutter, sehr stark bleibt.

Bei Gesprächen, die ich in beiden Ländern zu diesem Thema geführt habe, wurde von den Befragten die landeseigene Art immer sehr leidenschaftlich verteidigt. Auch wenn ich an anderer Stelle Lust hätte, in die diesbezüglichen Diskussionen beider Länder einzugreifen, werde ich mich an dieser Stelle auf folgende Feststellung beschränken: Die Vorstellungen dessen, was gut und zumutbar für Kinder ist, könnten nicht unterschiedlicher sein.

In Deutschland steigt übrigens dieses Misstrauen mit dem soziokulturellen Niveau – wohingegen es in Frankreich genau umgekehrt ist.[16] Besonders ausgeprägt zeigt sich das in der Schicht, die ein gewisses Bildungsniveau, ein gutes Einkommen und eine Weltanschauung hat, die einst alternativ war und jetzt den *Mainstream* darstellt. In der Regel opfert selbstverständlich fast immer noch die Mutter ihr Berufsleben. Allerdings gibt es des Öfteren Hausväter oder teilzeitarbeitende Väter als in Frankreich. Da Frauen in Frankreich Familien- und Berufsleben vereinbaren können, fühlen sich Väter weniger angesprochen.

Den deutschen Erziehungsprivatismus könnte man als Reaktion auf die Vergangenheit deuten. Das Misstrauen, das kollektiven, insbesondere staatlichen, Einrichtungen entgegengebracht wird, lässt sich auf zwei für das (west)deutsche Bewusstsein traumatische Erfahrungen zurückführen – die Nazi-Zeit und den Sozialismus in der DDR. Beide Regimes kennzeichneten sich durch eine starke Einflussnahme des Staates auf alle Stufen der Erziehung. Dieses Misstrauen ist in Frankreich völlig unbekannt: Mit Recht oder Unrecht würde die Allgemeinheit nie auf die Idee kommen, die Leistungen des Staates oder der öffentlichen Hand als Konkurrenz zur Familie zu empfinden. Was das Kleinkindalter betrifft, so ist zweifellos das von der DDR aufgebaute System das unmittelbare Schreckensbild. Aus meiner französischen Sicht war zunächst schockierend, wie nach der Wiedervereinigung die DDR-Krippen und -Kindergärten von den westdeutschen Medien durch den Schmutz gezogen wurden. Für mich stellte die Existenz dieser Einrichtungen überhaupt erst ein Verdienst dar. Ich konnte sehr gut nachvollziehen, dass sie den pädagogischen Erwartungen westdeutscher Eltern nicht entsprachen. Man hätte sie aber reformieren können. Im Westen dachte man jedoch:»Weg damit! Krippen sind per se schädlich und können nur eine Notlösung sein.« Und niemand im Westen, nicht einmal die Feministinnen, ist aufgestanden, um zu sagen, wie sehr die Krippen zur Emanzipation der Frauen im Osten beigetragen haben. Das hat mich als Frau beschämt.

In dieser Hinsicht schien mir der Fall *Claudia Nolte* sehr deutsch – wenn ich mir dieses Kürzel erlauben darf. Als sie Familienministerin der letzten Kohl-Regierung wurde, war sie 27 Jahre alt und hatte ein sechs Monate altes Baby. Heroisch entschied sich ihr Mann bei ihrer Berufung, zu Hause zu bleiben. Claudia Nolte war selbstverständlich der Ansicht, dass Kinder bis zu drei Jahren zu Hause bleiben und ständig einen Elternteil um sich haben müssten. Wenn eine junge Frau das sagte, und dann noch eine aus dem Osten, die selbst das Erziehungssystem der DDR erlitten hatte, musste sie wissen, wovon sie sprach!

Fast witzig fand ich den immer wiederkehrenden Zeitungsartikel über die Erziehung zur Sauberkeit. Den Artikel habe ich im Laufe dieser zehn Jahre mehrmals gelesen. In diesem Punkt konzentriert sich die ganze Animosität der Westdeutschen gegen das Erziehungssystem des Ostens und es symbolisiert in ihren Augen seine kollektivistische Brutalität. Das Horrorbild von Kindern, die zu festen Zeiten auf ordentlich gereihte Töpfchen gesetzt wurden, repräsentiert genau das Gegenteil des westdeutschen Ideals einer differenzierten Pädagogik, die die Rhythmen jedes Kindes respektiert. Hier zwingt mich die Wahrheit zu sagen, dass es in unserem Ost-Berliner Kindergarten nicht so war. Dort gingen die Kindern zur Toilette, wann sie wollten bzw. mussten. Wie dem auch sei, die Verteufelung der Krippen und Kindergäten im Osten durch die Presse und das kollektive Bewusstsein des Westens bestätigt die Idee, diese Institutionen seien nicht nur überflüssig, sondern an sich schädlich. Das Potential der Kinderbetreuung im Osten aufrechtzuerhalten und im Westen substantiell zu entwickeln, wird nicht als politische Priorität wahrgenommen. Dies ist willkommenes Wasser auf die Mühlen der Politiker, die vor allem in Zeiten beschränkter Budgets anderes zu tun haben, als Geld für eine Aufgabe auszugeben, die die Familien doch sehr gut selbst erledigen.

### Elternopfer

Sein Baby so glücklich wie möglich zu machen – wie auch immer das Babyglück definiert wird – bedeutet ein Opfer zu bringen. Ich hatte oft den Eindruck, dieses Opferbringen sei schließlich das Kriterium, an dem das Glück des Kindes gemessen wird. Daran misst man die Qualität der Erziehung. So sind also nur diejenigen gute Eltern – und vor allem gute Mütter – die total ausgelaugt und mit den Nerven am Ende sind. Davon habe ich viele getroffen, mehr als in Frankreich, wie mir scheint. Zumindest sind sie aus anderen Gründen ausgelaugt: Französische Mütter sind gestresst, weil sie zwischen Arbeit und Kindern hin- und hergerissen werden; deutsche sind aufgrund des Ausgeliefertseins an ihre Kinder deprimiert.

Es ist die Anerkennung dieses Opferbringens, die meine Kollegin aufbrausen ließ, als ich fragte, ob das Baby brav sei. Niemand hätte ihr unterstellen dürfen, dass sie ihr Baby manipuliere, damit es sie schlafen ließ. Es war, als hätte ich sie indirekt angeklagt, ihr Baby zu *erziehen* und ihrer eigenen Bequemlichkeit zu dienen. Der erzieherische Wille von Eltern steht immer noch unter dem Verdacht, nur ein Alibi für die Bequemlichkeit der Eltern zu sein. Dazu gehört z. B. in den ersten Monaten der Wille zum Erreichen eines regelmäßigen Essens- und Schlafrhythmus. In den Kommentaren anderer Eltern aus meinem Bekanntenkreis glaube ich oft einen Vorwurf gehört zu haben, dieses Opfer nicht bringen zu wollen, mich vor meiner Mutterrolle zu drücken, als wir unsere Kinder betreuen ließen:»Das macht ihr, um eure Ruhe zu haben.« Elternsein – und insbesondere Muttersein – ist in Deutschland viel mehr als in Frankreich eine Berufung, eine Opferhandlung und vor allem eine Vollzeitbeschäftigung. Sie verlangt eine ganze Hingabe als Frau.[17]

## Matrizentrismus

Wenn in der Elternliteratur die Bedeutung von frühzeitigen Interaktionen zwischen Kind und Eltern betont wird, handelt es sich implizit immer um Interaktionen mit der Mutter. In der Tat sind deutsche Väter nicht mehr abwesend als französische. Im Diskurs bleibt aber die Mutter der unabdingbare Pol im Leben des Kindes. Schon eine kurze Abwesenheit gerät in den Verdacht, irreparable psychische Schäden zu verursachen. Auf mich wirkten die Beschreibungen der deutschen Fachliteratur im Vergleich zu der französischen sehr sentimental. Letztere wirkten hingegen allzu aufgesetzt optimistisch-witzig.

Dass das allgemeine populärwissenschaftliche Verständnis in der Psychologie in Deutschland die Rolle der Mutter – trotz aller feministischen Kritik – so überbetont, könnte als symbolischer Trost verstanden werden. Das Opferbringen erhält damit einen

Sinn. Dieser Diskurs ist natürlich ein gefundenes Fressen für Konservative aller Art. Aber nicht nur sie vertreten dieses Mutterbild. Das Interesse am Kind dominiert über alles. Auch der Diskurs der *neuen Mütterlichkeit*, der in Deutschland sogar von manchen feministischen Strömungen vertreten worden ist, trägt zur Verfestigung dieses Rollenmusters bei. Darauf werde ich an anderer Stelle zurückkommen.

In Deutschland fällt der Matrizentrismus der Elternliteratur außerdem mit einer Gesetzgebung zusammen, die Vätern sehr misstraut. Das Gesetz erkennt keine Bindung zwischen einem nichtverheirateten Vater und seinem Kind an. In diesem Fall konnte bis vor kurzer Zeit nur die Mutter das Sorgerecht haben. Das Kind unverheirateter Eltern trägt auch automatisch den Namen der Mutter. In Frankreich trägt es dagegen den Namen des Elternteils, der es beim Standesamt anmeldet (meistens der Vater). In der deutschen Familienrechtssprechung ist es viel einfacher, das Recht des Vaters, seine Kinder zu sehen, zu umgehen. Im Gegensatz dazu – und das ist meiner Meinung nach ein interessanter Aspekt der heutigen deutschen Namensvergabe – erlaubt das Gesetz neuerdings verheirateten Eltern, dem Kind entweder den Namen des Vaters oder den der Mutter zu geben. In Frankreich stößt diese Entwicklung auf den Widerstand derjenigen, die den Namen des Vaters bedroht sehen. Wohlgemerkt sind diejenigen nicht (nur) Konservative, genauso wenig wie die Anhängerinnen der neuen Mütterlichkeit nicht nur Traditionalistinnen sind.

### Gekreuzte Sichtweisen

Manchmal versuche ich, in Deutschland einen französischen feministischen Standpunkt zu vertreten: Für mich ständen diese etwas übertriebenen Anforderungen an die Erziehung im Gegensatz zur Frauenemanzipation, die in unseren Gesellschaften notwendigerweise an den Beruf geknüpft ist, ob man es akzeptiert oder nicht. Die *neue Mütterlichkeit* vermittle allzu sehr den Eindruck, die traditionellen drei K *(Kinder, Küche, Kirche)* wieder aufzunehmen. Das ist ein Irrtum, wird mir entgegengehalten: Was die Frau von heute, die zu Hause bleibt, um sich um ihre Kinder zu kümmern, von der Hausfrau der 1950er und 1960er Jahre (und davor) unterscheidet, ist der nur temporäre Verzicht auf ein Berufsleben, für den sie sich freiwillig und auch im Interesse ihrer Kinder entscheidet.

Wenn ich umgekehrt – getreu meiner Rolle der Advocata Diaboli – bei den Franzosen die deutsche Konzeption der Elternrolle und speziell die der Mutter schildere, sind meine Gesprächspartner einhellig der Meinung, es sei alles sehr konservativ und erinnere sie an das Mutterbild bei den Nazis. Erzähle ich dies wiederum den Deutschen, sind sie schockiert und antworten recht glaubwürdig, das stimme nicht. Die Nazis hätten im Muttersein lediglich das reproduzierende Potential gesehen und keinesfalls die erziehende Rolle. Ihre Verherrlichung der Familie habe nur rassische, eugenische und demografische Motive gehabt. Die Anonymität und (vermeintliche) Entpersonalisierung im Umgang mit Kindern in kollektiven Einrichtungen erinnere sie an den Erziehungsstil von Diktaturen, wie in der Nazi-Zeit oder in der ehemaligen DDR. Die Familie sei für sie der einzige Ort, in dem sich ein Kind psychisch strukturieren kann.

Ich glaube vielmehr, diese *neue Mütterlichkeit* steht in Zusammenhang mit den Errungenschaften der Neugeborenenpsychologie. Durch sie wird ein neuer Blick auf das Kleinkindalter und auf die Bindungen zwischen Eltern und Kindern geworfen. Sie will der Individualität von Kindern Rechnung tragen.

Dieses neue Elternsein ist übrigens kein deutsches Phänomen. Eine solche Entwicklung ist in allen westlichen Ländern zu verzeichnen – selbst in Frankreich, aber eben nicht im gleichen

Maße. Es sind überall die gleichen Informationen aus der Pädiatrie, der Psychologie, der Verhaltensforschung usw. vorhanden. Jede Gesellschaft macht aber etwas anderes daraus. In diesem Punkt zeigt sich die französische Kultur selektiv in dem, was sie an verfügbaren Informationen zurückhält. Die Psychoanalytikerin Françoise Dolto, Bestsellerautorin der Elternliteratur in den 1970er und 1980er Jahren, hat sehr früh auf die Länge eines Tages in der Krippe hingewiesen, auf den Trennungsschmerz und auch auf die Wohltaten des Stillens bis zu einem Jahr. All diese Vorschläge gingen in die gleiche Richtung wie die Elternideologie, die heute in Deutschland vorherrscht. Aber diese Aspekte ihrer Botschaft hatten keinen großen Einfluss auf die tatsächlichen Verhaltensweisen in der Gesellschaft.

Ich lebe jetzt seit mehr als zehn Jahren in Deutschland. Das hat mich verändert. Zwar bin ich immer noch keine deutsche Mutter und werde auch niemals eine werden. Nach wie vor beeindrucken mich viele deutsche Mütter mit ihren tollen Kuchen, ihren hübschen – jahreszeitgemäßen und selbstgebastelten – Hausdekorationen und ihrer ständigen Verfügbarkeit, wenn Eltern für einen Schulausflug gebraucht werden. Von der Wohltat dieser absoluten Verfügbarkeit bin ich indes nicht überzeugt. Eine (zeitweilige) Betreuung durch Dritte finde ich nicht per se verwerflich, sondern in vielen Fällen förderlich.

Auf der anderen Seite bin ich auf das Defizit an Familienzeit in Frankreich aufmerksamer gemacht worden. Um so schmerzhafter fällt mir dort der verinnerlichte soziale Druck auf, der eine schnelle Rückkehr der Mütter bzw. Eltern ins Berufsleben vorschreibt.

Der Vergleich der zwei Erziehungsideologien und sozialen Organisationen in Bezug auf Erziehung und Betreuung kleiner Kinder löst in mir regelmäßig utopische Gedanken aus. Kann man sich keine Gesellschaft vorstellen, die das Gute aus beiden

Ländern erhalten würde? Eine Gesellschaft, die eine Lösung fände, um Kleinkindern gerecht zu werden, ohne das Berufsleben ihrer Mütter dauerhaft zu opfern?

In Deutschland würde es bedeuten, dass das kollektive Bewusstsein eine selektive Delegation der Betreuung akzeptiert und die Gesellschaft entsprechende Strukturen entwickelt. Betreuungseinrichtungen oder -modalitäten, die sowohl den Bedürfnissen der Kinder als auch denen der Eltern entgegenkommen, dürften machbar sein (selbst wenn es Geld kostet...). In Frankreich müsste dagegen die Hierarchie zwischen Arbeit und privater Zeit verträglicher gestaltet werden.

## Im Kindergarten

### Ein Kindergarten für mein Kind

Gehen wir davon aus, das liebe Kind ist nun zwei oder drei Jahre alt. Nach deutschen Kriterien ist es jetzt *gruppenfähig*. In Frankreich nimmt man an, dass es das schon immer gewesen sei. Für die deutschen Kinder bedeutet dieser Wechsel eine große Veränderung, die sehr vorsichtig angegangen wird. Überraschend war für mich zunächst, mit welcher Sorgfalt und Mühe die Entscheidung für eine bestimmte Einrichtung getroffen wird. Während französische Eltern es ganz natürlich finden, ihren Nachwuchs in der nächsten *École maternelle* im Ort anzumelden – zumindest solange diese keinen katastrophalen Ruf hat –, besichtigen deutsche Eltern mehrere Einrichtungen unterschiedlicher Art. Sie vergleichen die Persönlichkeiten der Erzieherinnen, ihr Engagement, ihren Umgang mit den Kindern und die Bandbreite der angebotenen Aktivitäten.

Sicherlich haben deutsche Eltern die Qual der Wahl, wenigstens hinsichtlich der Qualität (in der Praxis beschränkt sich die Wahl dadurch, dass das Angebot unzureichend ist). Kein deutscher Kindergarten gleicht dem anderen. Es gibt erhebliche Unterschiede zwischen den Bundesländern, zwischen Ost und West, öffentlich oder privat usw. Französische Eltern hingegen haben es mit einer *École maternelle*, die den Strukturen und den Methoden nach homogen ist, leichter, müssen sich weniger Gedanken machen. Das erklärt teilweise, warum sie weniger wählerisch sind.

Sie sind aber auch gar nicht so wie die deutschen Eltern an einer besonderen und bestimmten pädagogischen Ausrichtung wie Waldorf oder Montessori interessiert. Bei der Ernährung, ob vegetarisch, makrobiotisch usw. sind sie auch weniger wählerisch. Mir fiel auf, dass diese Wahl in Deutschland manchmal eine fast existentielle Dimension einnimmt. Es gibt zwar Alternativen zur öffentlichen *École maternelle* in Frankreich, sie sind aber selten und die Nachfrage nach ihnen ist verhältnismäßig gering.

Im Vergleich ist auffallend, dass deutsche Eltern sich stärker einmischen oder einbringen, wo französische Eltern der Institution spontan vertrauen und weniger bereit sind, sich mit einbeziehen zu lassen. Bevor wir unsere zwei Ältesten in einem öffentlichen Kindergarten in Ost-Berlin anmeldeten, hatten wir in etlichen Kindergärten in Kreuzberg nachgefragt. Einer davon, außergewöhnlich radikal alternativ, intaktes Erbe der Gegenkultur der 1980er Jahre (vegetarisch, eine multikulturelle und antifaschistische Erziehung versprechend), mit sehr sympathischen Erzieherinnen *und* Erziehern sowie sehr schönen Räumen am Rande eines Parks in unserer Nähe, verlangte die für eine selbstverwaltete Kita klassische Elternbeteiligung (Kochen, Saubermachen und monatliches Treffen), aber auch die Beteiligung an Renovierungsarbeiten der Einrichtung sowie an einem intensiven Gemeinschaftsleben (gemeinsame Abende, Wander-Wochenenden usw.). Über unsere Motivationen befragt, sagte ich naiv, mein Mann mache gerade sein Diplom und meine Arbeit zwinge mich, zwei Tage in der Woche außerhalb Berlins zu sein. Zudem bräuchten wir zu Hause Zeit zum Arbeiten ohne die Kinder, aber neben diesen Verpflichtungen seien wir relativ frei in unserer Zeiteinteilung. Das hatte das Kollektiv nicht hören wollen. Vielmehr wollten sie, dass wir von der Integration des Kindergartens in das Leben der Eltern und umgekehrt begeistert waren und außerdem noch bereit, uns dort mit Leib und Seele zu engagieren.

Das ist sicherlich nur ein Extremfall. Im Allgemeinen wollen die deutschen Eltern jedoch alles, was die Erziehung ihrer Kinder anbelangt, genauer kontrollieren. Wohingegen das unvoreingenommene Verhalten der französischen Eltern fast vertrauensselig erscheint. Beim Elternabend wirken die deutschen Eltern anspruchsvoller, misstrauischer, mitunter fast aggressiv.

### Die Kinder müssen aus dem Haus

Der Trennungsschmerz wird sehr ernst genommen. Dem Kind gönnt man Zeit, mit der neuen Situation fertig zu werden. Dabei geht man davon aus, dass es sich anfangs darüber nicht freuen wird ... In Deutschland darf das Kind am Anfang in Begleitung eines Elternteils kommen. Eine Mutter aus meinem Bekanntenkreis ist zwei Monate mit ihrer Tochter im Kindergarten geblieben. Sie hätte es nicht fertig gebracht, ihre Tochter weinend zurückzulassen. Im Gegensatz dazu scheint die französische Methode viel brutaler. Das Kind wird in das kalte Wasser geworfen, selbst wenn es das erste Mal weinen sollte. Alle gehen davon aus, dass es sich rasch eingewöhnen wird. Die Anwesenheit der Eltern würde die Arbeit der Erzieherinnen erschweren. Diese tolerieren in der Regel die Anwesenheit der Eltern nicht. Innerlich musste ich lachen, als die Direktorin der *École maternelle*, die meine jüngste Tochter während unseres letzten längeren Aufenthaltes in Frankreich besucht hat, zu mir sagte, als wäre es unüblich und revolutionär (und als hätte ich mich davor drücken wollen): »Ich bestehe darauf, dass ein Elternteil am ersten Tag in der ersten Stunde da bleibt.«

### Überall wie daheim

Eine deutsche Kindereinrichtung tut übrigens alles, was sie kann, um das Kind den Verlust des eigenen Zuhauses vergessen zu lassen. Wenn es schon sein muss, dass es einige Stunden außerhalb der gewohnten Umgebung verbringt, dann wird in der Institution versucht, diesen Verlust zu kompensieren. Wie zu Hause läuft man in Hausschuhen herum. Die Architektur eines Kindergartens erinnert an die einer Wohnung. Wohingegen in Frankreich eine *École maternelle* deutlich ein öffentlicher Ort ist.

Besonders deutlich ist dieses Häusliche bei kleinen Kinderläden – aber nicht nur bei denen. Zusätzlich zu den Gruppenräumen gibt es einen ganzen Luxus an Spezialräumen: ein Zimmer für ruhige Spiele mit Puppenecke, ein Tobezimmer, eine Küche usw. Die Kinder kommen und gehen von einem Zimmer ins andere, je nachdem, was sie machen möchten, ob sie mit anderen spielen oder sich allein in eine Ecke zurückziehen möchten.

Ein weiterer Unterschied zur *École maternelle* besteht darin, dass es keine *Klassen* im ursprünglichen Sinne des Wortes gibt, keine Altersgruppen wie bei den in Jahrgängen eingeteilten französischen Gruppen.

## *Freispiel gegen spielerisches Lernen*

Der sichtbarste Unterschied ist aber das weniger umfangreiche *Programmangebot* und dessen geringere Verbindlichkeit. Aktivitäten werden nur vorgeschlagen, nie vorgeschrieben. Der deutsche Kindergarten ist, selbst wenn er augenscheinlich die gleichen Funktionen wie die *École maternelle* erfüllt (die Betreuung von Kindern im Vorschulalter), keine Schule. In gewissem Sinn ist er genau das Gegenteil. Einmal brachte ich jemanden völlig aus der Fassung, als ich, ohne über die unterschiedliche Bedeutung in den beiden Kulturen nachzudenken sagte, ich sei mit zweieinhalb Jahren *zur Schule gegangen*. Sind die Franzosen Kinderpeiniger, dass sie ihre Kinder so früh in die Schule schicken? Mein Gesprächspartner konnte sich nicht vorstellen, wie eine Institution, die mit der Betreuung von so kleinen Kindern beauftragt ist, der Schule gleichgesetzt werden könnte. In Deutschland ist die *Schule* lediglich das, was in Frankreich im Kinderjargon *la grande ecole* (die *große* Schule, d. h. die Grundschule) heißt. In Deutschland kann es nur die Institution sein, die systematisches Wissen vermittelt. Damit verbindet man automatisch einen gewissen Zwang. Dabei ist die deutsche Schule alles andere als peinigend!

Die *École maternelle* ist in Frankreich die erste Stufe des Schulsystems und steht in der Obhut der *Éducation Nationale*, des nationalen Erziehungsministeriums. Oft stehen die Gebäude der *École maternelle* symbolisch neben denen der Grundschule. Die *École maternelle* hat durchaus einen Lernanspruch (Festigung der Sprachkompetenz, Entwicklung der Feinmotorik usw.). Im Vorschuljahr verstehen sich diese Aktivitäten schon als Vorbereitung auf das Lesen, Schreiben und Rechnen. Zwar sind alle Aktivitäten spielerisch, gleichzeitig jedoch verbindlich. Es wird zudem – wie in der Grundschule – zwischen Beschäftigung und Pause unterschieden. In einem deutschen Kindergarten ist es durchaus erlaubt, dass ein Kind sich in eine Ecke zurückzieht, um Bücher anzuschauen oder mit Puppen zu spielen, während die anderen kneten. Solange dies dem Gruppenleben nicht völlig zuwiderläuft, ist jedem Kind freigestellt zu tun, was es möchte. Diese Aktivitäten nehmen übrigens nur den Vormittag in Anspruch. Den Rest der Zeit verbringen die Kinder mit Freispiel, drinnen oder draußen. Mir – und vor allem meiner jüngeren Tochter, die nach einem Jahr in der *École maternelle* aus eigener Erfahrung vergleichen konnte – kam der deutsche Kindergarten wie eine *ewige Pause* vor. Im deutschen Kindergarten sind allzu explizite Lernziele verpönt. Meine Kinder konnten gerade ihre Namen schreiben, als sie in die Grundschule kamen. Wohingegen ihre französischen Cousins und Cousinen schon vorher mit Buchstaben gespielt hatten. Daher empfinden deutsche Eltern die *École maternelle* als schrecklich *verschult*, wenn nicht gar *autoritär* und nicht kindgerecht, weil für sie dieser Lernanspruch in dem Alter fehl am Platz ist. Karl-Heinz Götze hat in *Französische Affären* das blanke Entsetzen in Frankreich lebender deutscher Mütter vor der *École maternelle* amüsant geschildert.[18] Der Lernanspruch der *École maternelle* war für sie prinzipiell nicht kindgerecht. Sie bemühten sich um Alternativen. Einmal las ich im Prospekt eines französisch-deutschen Kindergartens in Berlin, dort sei *ein deutsches Bildungsideal* richtungsweisend. Damit wollte sich dieser Kindergarten von der *École maternelle* abgrenzen. Den Eltern wurde gesagt, der französische Beitrag sei rein sprachlich, und dabei bleibe es.

Der Kindergarten deutscher Art hat in mir widersprüchliche Gefühle ausgelöst. So ist es, wenn man wirklich zwischen zwei Stühlen sitzt. Auf der einen Seite habe ich die Frei- und Spielzeit geschätzt, die den Kindern gegönnt wird. Ich mochte diese Art, der Zeit Zeit zu lassen, diesen Respekt für die Rhythmen des Kindes. Andererseits behindert die ausschließliche Betonung seiner Freiheit viele handwerkliche, künstlerische und intellektuelle Anregungen. Vor allem im Vorschulalter, aber auch schon davor, habe ich oft das Gefühl gehabt, dass die Kinder – nicht nur meine eigenen – sich langweilen, wenn sie fast den ganzen Tag miteinander spielen. Im Gegensatz dazu hat in Frankreich die *École maternelle* mit ihren strukturierten Aktivitäten, ihren präzisen Aufgaben, selbst wenn sie spielerisch sind, ihrer klaren Unterscheidung zwischen Aktivitäten und Spielzeit, etwas sehr Anregendes – was Spaß keineswegs ausschließt.

Über diesen prinzipiellen Anti-Intellektualismus der hiesigen Erziehungsideologie ärgere ich mich regelmäßig. Er wird von vielen Erziehern und Erzieherinnen sowie Eltern geteilt. Intellektuelle Aktivitäten werden als Qual angesehen, der sich die Kinder früh genug unterziehen müssen. Demnach sei es nicht nötig, die Rolle der Schule vorwegzunehmen ...

Umgekehrt fällt mir jetzt der typisch französische Satz »das Kind folgt« oder »kommt mit« (*il suit*) fast unangenehm auf. Einmal sagte mir eine Freundin, eine *École-maternelle*-Lehrerin, sie würde sofort sehen, welche Kinder *nicht folgen*. Tatsächlich wollte sie nur sagen, welche individuellen oder soziokulturellen Handicaps sich sehr früh zeigen. Mich schockierte eigentlich eher die Formulierung (die Kinder, die *nicht folgen*) als Sinn der Botschaft. In Deutschland würde so etwas niemand wagen zu sagen. Die bloße Idee einer Norm, nach der Leistungen und Fähigkeiten gemessen werden, scheint in diesem Alter völlig deplatziert, fast unverschämt.

Deutsche Eltern und Pädagogen haben immer Angst, die Kinder zu überfordern. Einmal waren wir mit Mi. im Kino. Der Film war in der Tat etwas für ältere Kinder und vor allem sehr pathetisch. Mi. weinte heiße Tränen. Eine Dame drehte sich zu uns um und sagte vorwurfsvoll: »Sehen Sie nicht, dass das Kind vollkommen überfordert ist?« Man hütet sich davor, Kinder Anregungen auszusetzen, die sie intellektuell oder emotional überfordern. Das wird regelmäßig als deplatzierter und verdächtiger elterlicher Interventionismus interpretiert. Im Vergleich scheinen französische Eltern ihre Kinder fast besessen für alles interessieren zu wollen. Mittlerweile wird – nicht zuletzt aufgrund der PISA-Studie – das pädagogische Dogma des Freispiels in Frage gestellt. Nicht alle Anregungen sind mit Autoritarismus gleichzusetzen. Vor kurzem habe ich sogar einen Artikel gelesen, in dem gefragt wurde, ob die Kindergärten der ehemaligen DDR – mit ihrem verbindlichen Aktivitätenprogramm und Lernanspruch – nicht doch etwas Gutes hatten. Wie groß muss der PISA-Schock gewesen sein?!

## Soziales Lernen

Eine Sache schockiert die Deutschen, deren Kinder in einer französischen *École maternelle* gewesen sind: Die Hierarchie zwischen den *edlen* Lernaktivitäten und *dem Rest*. Diese Hierarchie spiegelt sich in dem unterschiedlichen Status der Lehrerinnen und den *dames de service* wider. Erstere sind für die pädagogischen Aktivitäten verantwortlich. Letzere helfen den Lehrerinnen, betreuen aber auch das Essen in der Mittagspause sowie den Früh- und Spätdienst.[19] Somit entsteht bei allen Beteiligten – bei den Kindern ebenso wie bei den Eltern – die Idee, diese Phasen des Tagesablaufs seien minderwertig und man müsse sich dabei nicht so gut benehmen wie in Anwesenheit der Lehrerinnen. Diese Aufgabenteilung verfestigt auch die Hierarchie zwischen Lernen (wichtig und edel) und Verhalten (weniger wichtig und an Aufseherinnen delegiert). Diese Aufgabenteilung existiert in deutschen Kindergärten nicht. Hier gibt es eine Kontinuität zwischen allen Bereichen. Soziales Verhalten ist beim Essen genauso wichtig wie beim Basteln.

Mir fiel die Bedeutung, die dem sozialen Lernen in Deutschland zugemessen wird, sehr positiv auf. Nicht, dass dieses Lernen in der französischen *École maternelle* ganz vernachlässigt würde, aber es wird nicht so explizit thematisiert. Sehr schön fand ich, wie früh *demokratisches* Verhalten geübt wird: sich zu Wort melden, den anderen zuhören, debattieren, seinen Standpunkt verteidigen, Lösungen und Kompromisse aushandeln. In einem unserer Kindergärten wurde sogar einmal in der Woche der Kreis feierlich inszeniert. Die Kinder bereiteten morgens Plätzchen vor. Nachmittags wurde heftig, aber der Regel nach, mit den Kindern über alles diskutiert. Mir ist auch aufgefallen, wie sorgfältig die Erzieherinnen einen Streit schlichten. Die Streitenden werden nicht nur auseinander gebracht; sondern es wird auch über die Streitursache nachgedacht und nach einer Kompromisslösung gesucht, die für beide Kontrahenten akzeptabel ist.

Ich erinnere mich auch daran, wie erstaunt ich während meines eigenen ersten Schulaufenthaltes in Deutschland über die Fähigkeit unserer gastgebenden Schüler und Schülerinnen war, im Streitfall zu schlichten. Wir Franzosen konnten es noch nicht. Wir waren in der 7. Klasse, aber unser Verhalten war bestimmt das Resultat einer älteren Prägung. Die deutschen Kinder konnten ohne Intervention von Erwachsenen auf den Gegner eingehen, damit z. B. das Völkerballspiel weitergehen konnte, selbst wenn sie von ihrem guten Recht überzeugt waren. Wir hingegen ließen lieber die Spiele systematisch scheitern, als auf unser vermeintlich gutes Recht zu verzichten. Die ersten handelten im Sinne der Gruppe; die anderen opponierten aus Prinzip und hätten jeden Kompromiss als unehrenhaft gewertet.

Ich glaube, es ist nicht übertrieben, wenn man hier ein frühes Modell für die Lösung von sozialen Konflikten in beiden Gesellschaften erkennt. Die eine Kultur schätzt den Kompromiss und die Kompromissbereitschaft, die andere lehnt sie ab. Ihre beiden Erziehungsstile sind von diesen Präferenzen geprägt und geben sie dementsprechend weiter.

## Kinder und Erwachsene

Kinder verhalten sich innerhalb der Familie und in einer Gruppe jeweils anders. Es scheint mir jedoch, dass der Gegensatz zwischen Häuslichem und Öffentlichem sich in beiden Ländern anders manifestiert. Oft habe ich von Franzosen, die in Deutschland leben, gehört, die deutschen Kinder, vor allem die Kleinsten, erschienen ihnen tyrannisch und extrem anhänglich. Sie seien lästig, weil überbehütet, und könnten die Intimität der Erwachsenen nicht respektieren, die sie zu ihren Sklaven machten. Wenn deutsche Kinder die Intimität von Erwachsenen weniger respektieren, dann deswegen, weil die Erwachsenen sie nicht einfordern. Deutsche Eltern – in der Regel Mütter – sind viel eher bereit, Zeit zu geben und Aspekte ihres Lebens durch die Kinder stören zu lassen. Deutsche Kinder verbringen auch mehr Zeit zu Hause mit ihren Eltern, wohingegen französische Kinder mehr Zeit mit Gleichaltrigen verbringen. Das könnte erklären, dass sie die Erwachsenen weniger beanspruchen. Sie sind es gewohnt, unter sich zu sein, und sind es auch gerne.[20]

Dagegen führt in Deutschland das Erlernen sozialen Verhaltens in der Gruppe sehr schnell dazu, dass die Kinder sich in außerhäuslichen Situationen mit mehr Respekt verhalten. Langfristig verstärkt sich dieser Unterschied nur. Darauf werde ich später zurückkommen.

Deutsche Eltern haben ein völlig anderes Verständnis davon, wie die Eltern-Kind-Beziehungen sein sollen. Ich habe Deutsche sagen hören, sie fänden ihre französischen Elternkollegen gleichgültig oder distanziert, weil sie nicht mit ihren Kindern spielen. Deutsche Eltern sehen es als ihre Rolle an, mit ihren Kindern zu spielen. Dies wird sehr deutlich, wenn man das Treiben auf einem Spielplatz beobachtet. In Frankreich sieht man weniger Eltern auf den Schaukeln oder beim Sandkuchenformen. Sie sitzen eher auf den Bänken und lesen die Zeitung. Französische Eltern unternehmen zwar auch etwas zusammen mit ihren Kindern, dies aber eher, um etwas, wie z. B. ein Hobby, zu vermitteln. Französische Eltern würden nicht so tun, als ob sie den Geschmack und die Interessen der Kinder teilten. Aus französischer Sicht vermitteln vielleicht deshalb deutsche Eltern den Eindruck, sie ließen sich von ihren Kindern versklaven.

Selbst über die Kleinkindphase hinaus meinen deutsche Eltern, sie müssten sich ihren Kindern anpassen und sich an ihre Stelle versetzen. Diesen Satz entnehme ich einem Elternratgeber: »Ein Kind erziehen bedeutet, es in der Besonderheit seines kindlichen Wesens bedingungslos und ohne Vorbehalte anzunehmen.« [21] Das Kind schreibt dem Erwachsenen seine Rhythmen und Normen vor, nicht umgekehrt. Alles andere wäre beschädigende Dressur. Ein französischer Elternratgeber würde dagegen immer an die Notwendigkeit fester Grenzen erinnern.

Erziehung hat wohl überall das Ziel, kleine Menschen auf die Welt vorzubereiten, in der sie leben sollen. Die Art und Weise, wie diese Abstimmung des Individuum auf seine Umwelt zu erreichen ist, fällt aber nicht überall gleich aus. In Frankreich wäre niemand von der Idee schockiert, Erziehung bringe das Menschenkind dazu, einige seiner rauen natürlichen Triebe abzulegen, was eventuell nicht ganz freiwillig geschieht. In Deutschland hingegen ist die Kindheit idealisiert. Alles Kindliche ist gut und schön und darf nicht angetastet werden. Deshalb sollen Sozialisierungsprozesse nach Möglichkeit zwanglos und persönlichkeitsschonend bleiben. In Frankreich wird implizit und teilweise auch explizit anerkannt, dass Kindheit nicht nur eine heile Welt ist und dass Sozialisierung auch Zwang bedeuten kann. In Deutschland soll sich dieser Vorgang nur mit dem inneren Einverständnis des Kindes vollziehen. Von ihm Anpassung an Vorschriften zu verlangen, deren Richtigkeit es noch nicht versteht, käme nicht in Frage.

Die Erziehung zu guten Manieren ist ein guter Gradmesser für ein unterschiedliches Verhältnis zur Kindheit: Französische Eltern würden viel eher ein bestimmtes Verhalten mit der einfachen Begründung,»das macht man nicht«, verbieten oder vorschreiben. Deutsche Eltern fühlen sich eher verpflichtet, zuerst eine für das Kind verständliche Erklärung zu liefern. Sie sind eher bereit, darauf zu warten, bis das Kind verinnerlicht hat, dass man »das nicht macht, weil es für die Tischnachbarn unangenehm ist«. Daher tolerieren sie auch gewisse Verhaltensweisen länger. Darüber hinaus greifen sie weniger auf das Argument der eigenen Bequemlichkeit zurück:»Das macht man nicht, weil es die Erwachsenen stört«. Sie neigen eher dazu, eigene Bedürfnisse hintanzustellen. Sonst würden sie sich einmal mehr verdächtigen, die Erziehung ihrer Kinder ihren eigenen Interessen zu opfern. Französische Eltern haben damit weniger Gewissensprobleme.

Gehorsam ist im heutigen Deutschland ein Tabu – sei es im Sinne von »Es ist gut für dich, das wirst du später verstehen«. Dieses Tabu hat eine tiefgreifende historische und politische Dimension: Es kommt aus der Angst vor dem blinden Gehorsam und vor dem Verzicht auf ein individuelles Urteil. Sie werden für die erzieherische und ethische Katastrophe des Nationalsozialismus verantwortlich gemacht. Dieser politische und historische Hintergrund erklärt vielleicht, warum diese Ablehnung Dogma-Charakter hat. Das Anliegen, verantwortliche Menschen zu formen, die auch nein sagen können, ist viel expliziter als in Frankreich. Expliziter ist aber ebenso die Angst, die Fähigkeit zu einem individuellen Urteil durch übertriebene Autorität zu ersticken, sowie die Angst, Persönlichkeiten und Talente durch unverhältnismäßige Ansprüche zu beschädigen.

Hier ist es interessant zu beobachten, was die beiden Gesellschaften aus dem Erbe von 1968 gemacht haben. Es gab in Frankreich Pendants zu Alice Millers *Am Anfang war Erziehung* oder zu Katharina Rutschkys *Schwarze Pädagogik*. Françoise Dolto hat ebenso auf eine sehr ähnliche Weise den Erziehungsbegriff einer grundsätzlichen Kritik unterzogen. Dieser Aspekt ihrer Botschaft hat die tatsächlichen Erziehungsstile jedoch nicht so tief geprägt.

Wenn die Spannung steigt, zensieren deutsche Eltern ihre eigene Aggressivität oder empfinden leichter ein schlechtes Gewissen. Eventuell verwechseln französische Eltern ihre Aggressivität mit einer legitimen erzieherischen Absicht. Deutschen Beobachtern ist ein Verhalten, das typisch für französische Eltern – vor allem für Mütter – scheint, aufgefallen. Sie ermahnen und befehlen präventiv: »Die Kinder im Abteil taten nichts Böses und ihre Mutter hörte nicht auf, sie in aggressivem und hasserfülltem Ton herumzukommandieren: ›Mach dies und das, und zwar ein bisschen flott‹. Das war schrecklich. Anstelle der Kinder hätte ich Lust gehabt, ihr eine runterzuhauen. Zudem hatte ich den Eindruck, dass sie sich gar nicht so sehr an die Kinder wandte als vielmehr an die anderen im Zugabteil. Sie meckerte die Kinder an, um den anderen Reisenden zu gefallen«, erzählte mir ein Freund.[22] Mit typisch französisch ist hier nicht gemeint, dass alle französischen Mütter so handeln, sondern dass dieses Verhalten in Frankreich eher anzutreffen ist. Abgesehen davon, dass man seine Kinder in Griff haben sollte, sei es auch wichtig, die Umgebung davon zu überzeugen, dass der verantwortliche Erwachsene sich seiner Pflichten gegenüber den anderen bewusst ist. Er wendet sich über seine Kinder an die anwesenden Personen: »Ich zeige euch, dass ich alles Erdenkliche tue, damit meine Kinder wohl erzogen sind; ich bin mir im klaren darüber, dass ich in eurer Anwesenheit nicht so tun sollte, als wärt ihr nicht da, und ich weiß, was die Gesellschaft von guten Eltern erwartet.« Das ist jedoch so ziemlich genau das Gegenteil dessen, was die heutige deutsche Gesellschaft von guten Eltern erwartet.

Heutzutage ist sich die französische und deutsche Elternliteratur darüber einig: Ohrfeigen und andere Schläge, ganz zu schweigen von anderen Formen körperlicher Misshandlung, sind verpönt. Mir scheint jedoch in der Praxis, dass man sich in Frankreich mehr Klapse erlaubt. Und wenn einem in Deutschland die Hand ausrutscht – was trotz allem auch passiert –, ist das schlechte Gewissen sofort sehr groß.

Aggressivität von Kindern ist ein Schatten im Bild der idealen Erziehung. Wenn die beste Erziehung die der Milde und Harmonie sein soll, fühlen sich Eltern hilflos gegenüber allem, was diese Harmonie stört. Die Aggressivität von Kindern – gegenüber ihren Eltern oder untereinander – wird als erzieherische Niederlage erlebt. Dadurch verliert die Aufopferung der Eltern, ihr Selbstverzicht, an Bedeutung.

In einem weiteren Elternratgeber (es handelt sich genauer gesagt um ein Familientagebuch, in dem die Autorin, Mutter von vier Söhnen, ihren Alltag mit einem kritischen Kommentar versehen hat) finde ich folgende Bemerkung in dem Abschnitt »Vom Konkurrenzdenken und lästigen Druck«: »Als Mutter schaue ich diesen Kämpfen unter unseren vier Söhnen eher hilflos und beklommen zu – nicht wie Vater und Mutter Kennedy, die ihre Brut noch ordentlich anstachelten: ›Nun, na los – wer ist der Sieger?‹ Ich denke: wozu dieses dauernde Sich-Messen? Warum immer gegeneinander? Geht es nicht miteinander und dann viel besser? (...) Als Schule des Lebens empfinde ich diese Kämpfe nicht. Immer Stärke zeigen, Ellenbogen zeigen, immer dieses Gehabe ›Ich bin der Beste‹; mich ärgern diese ständigen Rivalitäten zwischen unseren Kindern.«[23] Ich kann mir nicht vorstellen, dass eine französische Mutter ihre Reaktion auf die Aggressivität und Rivalitäten ihrer Kinder so ausgedrückt hätte. Hier wird die Aggressivität auf Anhieb moralisch verurteilt, wo man sie jedoch als natürlich und normal betrachten könnte, selbst wenn man sie nicht für gut heißt und die Absicht hegt, sie zu unterbinden. Charakteristisch scheint mir darüber hinaus, dass dem Psychologischen sofort eine politische Dimension zugeschrieben wird. Die Geschwisterrivalitäten geben eine Vorahnung auf die (amerikanische!) Konkurrenzgesellschaft, in der angeblich jeder mit den Ellenbogen spielt – das Vorstadium eines vom Darwin'-schen Gesetz des Stärksten beherrschten Dschungels. Das ist, nebenbei gesagt, genau das Gegenteil der amerikanischen Ideologie des *all men born equal*, wonach die Statusgleichheit die Möglichkeit der Konkurrenz schafft. Und dies wird durchaus als positiv angesehen... Dieses Werturteil verrät eine völlig andere Konzeption von Gleichheit und Demokratie. Für die deutsche Mutter hat Erziehung die Aufgabe, altruistische und solidarische Individuen zu formen.

Wenn die Erziehung natürliche Tendenzen beugen oder ausbalancieren muss, werden nicht überall die gleichen Instinkte bekämpft. In Frankreich soll die Erziehung das Raue der Natur polieren. In Deutschland soll sie die Wettbewerbstendenzen und den natürlichen Egoismus eindämmen. Alles, was als Ermutigung zu machistischer Aggressivität interpretiert werden könnte, ist verpönt.

### Idealisierung der Kindheit und das schlechte Gewissen

Die Kindheit wird in Deutschland als ein kleines Paradies gesehen, aus dem man das Kind nur ungern vertreibt – so sagt man zumindest. Es ist eine heile Welt, sie ist mit allen Tugenden versehen (Unschuld, Authentizität, Kreativität usw.), die den Erwachsenen abhanden gekommen sind. Alles, was aus ihr kommt, ist wertvoll und unantastbar. Die Kindheit wird, ebenso wie die nichtwestlichen Kulturen, idealisiert. Eben weil sie so wertvoll ist, soll sie verschont bleiben.

Diese Heiligsprechung der Kindheit gibt es in Frankreich nicht. Eine ganze literarische Tradition (Rousseau, Proust, Gide u. a.) hat sich mit der Ambivalenz kindlicher Gefühle beschäftigt.

Auch heute würde sich der dortige *common sense* Kindheit nicht nur als goldenes Paradies vorstellen. Der unterschwellige Wille, die Kindheit vor dem Älterwerden zu schonen, ist nicht so ausgeprägt. Dass die Kindheit eine Welt für sich ist, ist kein Grund, die übrige Welt um das Kind herum auf den Kopf zu stellen. Es ist natürlich nicht so, dass sich Eltern in Frankreich nicht um das Wohl ihrer Kinder sorgen; und auch nicht, dass die Gesellschaft als Ganzes nichts für sie tut. Im Gegenteil. Es wird aber nicht mit der gleichen Unbedingtheit versucht, dem Anderssein der Kinder gerecht zu werden.

Daher vermitteln vielleicht die Franzosen den Eindruck, sich um ihre Kinder nicht allzu große Sorgen zu machen. Die Kinder sind da, umso besser. Aber das ist kein Grund, alles andere stillstehen zu lassen.

Dagegen erscheint die deutsche Gesellschaft ihren Kindern gegenüber sehr viel pflichtbewusster und viel stärker von schlechtem Gewissen geplagt. Das ist täglich in der Zeitung und in der Elternliteratur zu lesen: Unsere industriellen und postindustriellen Gesellschaften seien von Grund auf kinderfeindlich, egoistisch, vergnügungssüchtig. Dieses schlechte Gewissen ist viel ausgeprägter als in Frankreich.

Richtig ist auf jeden Fall, dass deutsche Erziehungseinstellungen kindzentrierter sind – auf die Gefahr hin, die Bedürfnisse der Eltern dabei auszuklammern, sofern sie nicht mit denen der Kinder zusammenfallen. Vielleicht übertreibt die deutsche Kultur von heute sogar die Unvereinbarkeit der beiden Welten.

Die derzeitige deutsche Gesellschaft ist nicht so kinderfeindlich, wie sie es sich selbst vorwirft. Und bestimmt ist sie nicht kinderfeindlicher als andere westliche Gesellschaften. Aber elternfeindlich ist sie auf jeden Fall.

## Die Schule und danach

In Frankreich gibt es keine *Einschulung*, d. h. keine Einschulungs-
feier, keine Schultüte. Der Übergang von der *École maternelle* in
die *grande école* bedeutet meistens nur einen Gebäudewechsel,
demnach keine grundsätzlichen Lebensumwälzungen.

Bevor Mi. in Berlin in die Schule kam, war mir die Bedeutung
dieses Rituals in Deutschland nicht bewusst. Ich war zunächst
verblüfft, als meine Schwiegereltern ankündigten, sie kämen zur
Einschulung.»Was für ein Theater«, dachte ich zunächst. Mir
schien das Ganze die Kinder noch nervöser zu machen. Meine
Mutter war erstaunt darüber, dass wir von ihr hätten erwarten
können, sie käme wie die anderen Großeltern und dass es für das
Kind wichtig sei. Derartiges wäre ihr nie in den Sinn gekommen.
Ich musste mir erklären lassen, in Deutschland sei das ganz normal. Man macht sich für eine solche Sache auf den Weg, so ähnlich wie für eine Taufe oder wichtige Lebensmomente: Meine
Schwägerin ist auch extra zur Einschulung ihrer Patentochter
nach Berlin gekommen.

Was bei aller Süße meinem französischen Blick während der
Einschulung auffiel, ist die Ambivalenz des Rituals. Es ist ein Ini-
tiationsritual, gleichzeitig jedoch eine Trauerfeier: Trauer über
den Verlust der Kindheit, der Unschuld und der Sorglosigkeit, der
Beginn vom *Ernst des Lebens*. Dafür kenne ich kein französisches
Äquivalent. Zwar sagt man, ein Kind erreicht mit Sieben das *Ver-
nunftsalter (l'âge de raison)*, dies bringt aber nicht die gleiche Dimension des Verlustes mit sich. In einem bereits zitierten Elternbuch schildert die Autorin ihre Gefühle am Vorabend der Einschulung ihres Sprösslings:»Fürchterliche Zeiten sah ich auf
unsere Familie zukommen, gekennzeichnet durch Leistungs-
druck, Konkurrenzverhalten, Motivationsverlust und Resigna-
tion, Schulversagen und Schulverweigerung.«[24] Auf mich wirkte

dieser Satz sehr pathetisch, aber auch sehr negativ in seiner Einstellung zur Schule. Was französische Eltern in dieser Situation auf ihre Kinder projizieren, ist eher Stolz:»Super! Du bist jetzt groß. In der Schule wirst du tolle Sachen machen!« Diese Reaktion ist aber sehr repräsentativ für die Gefühle, die deutsche Eltern mit der Schule verbinden. Wohlgemerkt sind es die Einstellungen der Erwachsenen, die in die Kinder hineinprojiziert werden. Die Schule ist diese Institution, gegen die man ab einem gewissen Alter die wertvolle Kindheit leider nicht mehr verteidigen kann. Die Schule kann nur das (vermeintliche!) Idyll zerstören. Von ihr verspricht man sich nichts Spannenderes!

Die Einschulung bedeutet in der Tat eine größere Veränderung im Leben der deutschen Kinder. Wohingegen der Wechsel vom *Spiel zum Lernen* in Frankreich allmählich erfolgt ist. Zunehmend sind Vorschule und 1. Klasse in einem Zyklus gekoppelt. Generell sind die deutschen Kinder auch ein halbes Jahr älter, wenn sie in die Schule kommen. Bis jetzt zumindest: Demnächst sollen Kinder, die ab dem 1. Januar geboren sind, eingeschult werden – wie in Frankreich und in den meisten europäischen Ländern – und nicht ab dem 1. Juli, wie es bis jetzt der Fall ist.

Außerdem überlegen deutsche Eltern und Pädagogen sehr gründlich, ob sie sich an das gesetzlich vorgeschriebene Alter halten oder die Einschulung hinausschieben. *Das Kind darf noch ein Jahr spielen*, wird dann gesagt, so, als ob man ihm ein Geschenk damit machte: Ein Jahr Ruhepause vor der Schulhölle! Obgleich Mo. kurz nach dem Stichdatum 1. Juli geboren ist, wollten wir – als gute französische (oder hierin französisierte) Eltern –, dass er ein Jahr früher (also mit fünf Jahren und zehn Monaten) eingeschult wird. Denn wir hatten den Eindruck, er langweile sich im Kindergarten, wo er fast den ganzen Tag lang nur spielte. Der Vorbehalt der Schulärztin während des obligatorischen Besuches vor der Einschulung hörte sich dann so an:»Sollte er nicht noch ein Jahr vom Kindergarten profitieren?« Sie sah den Wunsch von

Mo. geradezu als Fehler, als Krankheit an: »Warum will er denn schon in die Schule? Ach so, die ältere Schwester ist dafür verantwortlich ...«

In diesem Punkt fällt wieder auf, wie verschiedenartig die Einstellungen sind. In Frankreich setzt der Durchschnittsbürger alles daran, sein Kind ein Jahr früher in die Schule zu schicken (»eine gute Sache«, »dann kann es mal eine Klasse wiederholen«). Nichts wäre schlimmer, als dass das Kind unterfordert ist. Deutsche Eltern überlegen lange, ob ihr Kind wirklich *schulreif* ist und fürchten nichts so sehr, wie eine Überforderung ihres Kindes.

Darüber hinaus sind die Kriterien der Reife nicht die gleichen: Französischen Eltern geht es hauptsächlich darum, ob das Kind kognitiv »mitkommt« *(s'il suivra)*. Deutschen Eltern geht es in erster Linie darum, ob es sozial und emotional reif ist. In Gesprächen mit anderen befreundeten Eltern habe ich oft das Gefühl gehabt, die Kinder wurden im emotionalen Bereich von ihren Eltern unterschätzt. Mit dieser Schonungsmaßnahme wurden sowohl das angebliche Glück des Kindes als auch die latenten negativen Einstellungen der Eltern bedient.

Das Wunschkind französischer Eltern ist sicherlich das intelligente Kind, das deutsche Wunschkind dagegen nicht unbedingt. Es gälte dann schnell als altklug, wofür ich keine französische Übersetzung kenne. Selbst wenn in Deutschland Kinder *eine Klasse überspringen*, ist *ein Jahr Vorsprung haben (avoir un an d'avance)* kein allgemein verbreitetes Anliegen. Das gibt es, es ist aber nicht systematisch erwünscht. Schulische Meisterleistungen stehen viel mehr unter dem Verdacht, von den Eltern beeinflusst worden zu sein. Zudem würden sie von sozialen oder emotionalen Defiziten begleitet ...

In deutschen Schulen gibt es zwar ein gewisses Verständnis für Schnelllerner. Sie haben genauso wie die anderen das Recht, dass auf ihren speziellen Rhythmus eingegangen wird. Es geht aber in meiner Kritik nicht um Sonderfälle, die hier wie dort vorkommen, sondern um Standardeinstellungen.

Die französische Art stellt genau das dar, was aus deutscher Sicht verpönt ist. Sicherlich hat die deutsche Einstellung, dem Kind Zeit zu lassen, ihre Berechtigung. Auf der anderen Seite sind diese Berührungsängste der Eltern mit der Schule belastend. Zwar mag die französische Art für das Individuum weniger schonend sein. Ihre Grundeinstellung zum Lernen ist aber positiver.

## Rhythmen

Die lieben Kleinen gehen jetzt in die Schule. Es dürfte bekannt sein, dass die kleinen Franzosen und Französinnen von 9 bis 16.30 oder 17.00 Uhr in der Schule sind (mit zwei Stunden Mittagspause dazwischen). In Deutschland wird bislang weniger Zeit in der Schule verbracht. Beide Rhythmen haben ihre Vor- und Nachteile, für die Familien ebenso wie für die Kinder. Darauf will ich hier nicht eingehen, sondern nur auf die Unterschiede, die von diesen Rhythmen geprägt werden. Kleine Franzosen werden nicht nur früher sozialiert, sie verbringen auch mehr Zeit mit Gleichaltrigen und weniger zu Hause. Bei den Deutschen ist es umgekehrt. Diese unterschiedliche Prägung findet sich später im Umgang der Erwachsenen mit ihrer Zeit wieder: Franzosen sind eher dazu bereit, mehr Zeit am Arbeitsplatz mit Kollegen zu verbringen als Deutsche.

Ein weiterer Unterschied ist, dass die deutschen Schülerinnen und Schüler meist die gleiche Lehrerin von der 1. bis zur 4. Klasse behalten. Die Zusammensetzung der Klasse bleibt in der Regel gleich, was seine Vorteile (stärkere Gruppenbindung und Zugehörigkeitsgefühl), aber auch seine Nachteile haben kann. Meine Gesprächspartner sind manchmal erstaunt, dass in Frankreich jedes Jahr bzw. spätestens nach zwei Jahren die Lehrer wechseln: Manchmal wurde ich gefragt, ob es nicht für die Kinder zu hart sei, so oft in ihren Gewohnheiten gestört zu werden. An diesem

Punkt wird in Frankreich Anpassungsfähigkeit vorausgesetzt, wo die deutsche Art mehr auf Kontinuität und Stabilität bedacht ist. Die Lehrpläne will ich hier nicht im Detail vergleichen. Allgemein kann man jedoch sagen, dass die deutschen Lehrpläne progressiver sind, aber auch mehr Zeit für das Erwerben grundlegender Kompetenzen einräumen. In der Hinsicht fand ich den Wechsel vom Kindergarten in die Schule gar nicht so abrupt, wie er sich im Bewusstsein der Eltern darstellt: Die Schule blieb sehr lang *spielerisch*! Zuerst wird beispielsweise viel Kopfrechnen geübt, bevor man daran geht, schwierigere Rechenaufgaben schriftlich zu lösen. In Frankreich geht man schneller zu komplexeren Aufgaben über.

Der Unterricht schien mir noch mehr als in Frankreich um Kontextbezogenheit bemüht: In Sachkunde beschäftigt man sich mit der unmittelbaren Umwelt der Kinder, und nur damit, wohingegen der französische Sachunterricht (der sich schon in der 3. Klasse in Geschichte, Geographie und Naturwissenschaften aufspaltet) weniger zögert, abstraktere oder entferntere Realitäten und Begriffe einzuführen. In diesem Punkt hatte ich manchmal das Gefühl, das Gebot der Kontextbezogenheit stelle sich als Einschränkung heraus, die Neugier und Interesse der Kinder unterschätzte.

Vor allem jedoch ist die Haltung der Eltern eine ganz andere. Französische Eltern wollen, dass ihre Kinder viel lernen und die Lehrpläne eingehalten werden. Deutsche Eltern wollen ihre Kinder keinesfalls überfordert wissen und neigen dazu, ihre Kinder gegen die Institution Schule zu verteidigen. Das fällt mir bei Elternabenden jedes Mal deutlich auf.

Umgekehrt wurde mir durch den Vergleich bewusst, wie sehr französische Eltern ihre Zöglinge mit außerschulischen Materialien (Jugendzeitschriften, pädagogischen CD-Roms aller Arten usw.) überhäufen. Zwar gibt es in Deutschland auch solche Lernspiele und Schülermagazine, aber sie sind weniger verbreitet und weniger explizit als schulbegleitend konzipiert. In Frankreich verstehen sie sich als spielerische Unterstützung der Schule, die man seinen Kindern gönnen muss, damit sie alle notwendigen Trümpfe in der Hand haben. Der Markt ist dementsprechend größer ... Ganz wichtig fand ich an der deutschen Schule, genauso wie im Kindergarten, die Kontinuität zwischen allen Bereichen des Lebens, zwischen dem Lernen und dem sozialen Verhalten. Im Zeugnis wird sozialem Verhalten, Fähigkeit zur Gruppenarbeit oder angemessenem Verhalten in Konfliktsituationen eine große Bedeutung beigemessen, wo es in Frankreich nur erwähnt wird, wenn es unangenehm auffällt. Pausen werden von den Lehrern selbst beaufsichtigt, was in Frankreich Aufgabe eines speziellen nicht lehrenden und nicht ausgebildeten Personals ist. Hierin zeigt sich, genauso wie in der *École maternelle*, die französische Hierarchie zwischen Wissensvermittlung und erzieherischen Aufgaben, die zweitrangig sind. In Deutschland, wie übrigens auch in der angelsächsischen Welt, werden Wissensvermittlung und Erziehung enger miteinander verknüpft. Außerdem hat im heutigen Deutschland diese ganzheitlichere Bildungsauffassung eine politische Dimension, die mir schon im Kindergarten auffiel. Kinder werden in die Regeln des kollektiven Lebens eingeführt, seien es die des guten Benehmens, des rechten Verhaltens im Straßenverkehr oder der demokratischen Kommunikation in einer Gruppe. Die französische Grundschule hat natürlich de facto eine sozialisierende Funktion, aber das Erlernen kollektiven Lebens wird nicht so explizit und systematisch thematisiert. Dies mag paradox erscheinen, da die Kinder in Frankreich früher sozialisiert werden. Sozialisierung gilt aber anscheinend als etwas, das von selbst kommt und deswegen nicht systematisch beigebracht werden muss.

Zwar gibt es in Frankreich so etwas wie Gemeinschaftskunde. Das ist aber etwas Abstrakteres (wie etwa: was passiert im Rathaus usw.), was nicht so unmittelbar mit dem kollektiven Leben innerhalb der Klasse in Verbindung gebracht wird. Das soziale Lernen finde ich in Deutschland sehr gelungen. Es ist nicht von der PISA-Studie bewertet worden. Und es wäre wahrscheinlich schwer im Vergleich zu bewerten. Aber in diesem Punkt wette ich, dass Deutschland besser als Frankreich abgeschnitten hätte...

Es gibt in Frankreich keine Horte, da die Schule *de facto* die Funktionen des Hortes (Mittagessen und Ganztagsbetreuung) übernimmt. Was dem Außenbeobachter beim Hort auffällt, ist dessen aufwendiger institutioneller Charakter: Alles, d. h. Räume und Personal, muss in doppelter Ausstattung vorhanden sein. Die Schulen werden am Nachmittag so gut wie nicht genutzt. Kitas hingegen haben manchmal Probleme, ihre Hortkinder unterzubringen. Der Hort ist eine sehr interessante Institution. Er unterscheidet sich sowohl von der Schule als auch vom Elternhaus. Er ist ein Ort, der zusätzlich zu Lehrern und Eltern erwachsene Bezugspersonen bietet. Auch wenn bei manchen Leuten weiterhin die Meinung vorherrscht, ein Hortkind sei zwar besser als ein Schlüsselkind, ein Hauskind bei der Mama sei aber noch besser, fand ich die Präsenz dieser anderen Bezugspersonen im Leben der Kinder sehr bereichernd. Noch mehr als die Schule ist der Hort mit seiner freien, aber auf Verantwortung bedachten Organisation eine sehr gute Lebensschule.

## Erziehungsstile

Vergleichend könnte man sagen, die eine Erziehungs- und Schulkultur traut und mutet den Kindern viel zu, mit dem Risiko, dass leistungsschwächere Schüler unter Druck geraten. Die andere versucht, sie zu schonen, mit dem Risiko, dass die Kinder intellektuell, aber auch emotional, unterschätzt und gelangweilt werden.

Auf den ersten Blick sind solche Unterschiede merkwürdig, bedenkt man die ähnlichen Quellen, die die pädagogischen Umwälzungen der letzten 30 Jahre in beiden Ländern haben. In beiden Ländern wurden Neill und Illich gelesen. Françoise Dolto hat den Erziehungsbegriff einer Kritik unterworfen, die der von Alice Miller sehr ähnlich ist. Der Wille der Eltern, ihre Kinder zu *erziehen*, sei überflüssig und sogar schädlich. Vielmehr sollten Erwachsene authentisch in ihrer Beziehung zu den Kindern sein usw. Nach 1968 bestand überall der Wunsch, das Erziehungssystem zu reformieren.

Beide Gesellschaften haben aber ihr Bedürfnis nach Reformen auf andere Art umgesetzt. In Deutschland wurde an der pädagogischen Beziehung gearbeitet. Experimente, die sich während der 1970er und 1980er Jahre am Rand der öffentlichen Schule entwickelt hatten – z. B. Waldorf-Schulen oder Montessori-Schulen – waren dafür beispielhaft und trugen dazu bei, die Lehrstile an der öffentlichen Institution zu verändern. In Frankreich hatten alle Reformen der 1970er und 1980er Jahre die Demokratisierung zum Ziel, wobei Demokratisierung als Chancengleichheit verstanden wurde. Die Aufhebung des alten autoritären pädagogischen Stils schwang natürlich in der Luft mit, war aber nicht das Ziel der schulpolitischen Reformen. In erster Linie sollten die traditionellen Schulformen aufgehoben werden, die lediglich die soziale Schichtung der Gesellschaft reproduzierten und verfestigten. Zwar haben sich Pädagogik und Didaktik – zumindest was den Grundschulbereich betrifft – sehr verändert, aber Experimente wie z. B. die Freinet-Pädagogik, die damals Beispielcharakter hatten, sind heute sehr marginalisiert und werden nicht als mögliche Erneuerungsansätze betrachtet. Paradoxerweise hat die Demokratisierung (Einheitsschule bis zur 9. Klasse, Verdoppelung des Prozentsatzes an Abiturienten in einem Jahrgang) etwas mit dem Festhalten an aus deutscher Sicht – autoritären Erziehungs- und Unterrichtsstilen zu tun. Schematisch dargestellt, kann man sogar sagen, sie sind ein Ergebnis der *sozialen* Demokratisierung. An den *Lycées* (französische Gymnasien) von heute, deren Schülerschaft sozial viel gemischter als früher ist, sind die Lehrpläne sehr ehrgeizig und enzyklopädisch geblieben. Sie lassen sich, wenn überhaupt, nur mit einem sehr traditionellen Lehrstil bewältigen.[25]

Je höher die Klassen sind, desto mehr ähnelt der Unterricht in Frankreich einer Vorlesung. Die Beteiligung der Schüler reduziert sich. Lehrer, die die Möglichkeit hatten, in beiden Systemen zu unterrichten, sind von der Passivität der französischen Schüler und Schülerinnen überrascht. Beteiligung wird nicht systematisch verlangt und die Schüler sind der Meinung, sie bringe sowieso nicht viel. Die mündliche Beteiligung ist im deutschen Unterricht nicht nur wichtiger. Sie ist auch von den Schülern gewollt. Eine Unterrichtsstunde am Gymnasium ist ein Dialog. Die Schüler sind spontaner. Sie wollen eine persönliche Meinung geltend machen und erwarten, dass diese als solche respektiert wird. Französische Schüler sind nicht unbedingt daran interessiert, sich am Unterricht zu beteiligen. Der Unterricht ist für sie nicht der angemessene Ort, um ihre Persönlichkeit und ihre Meinung zum Ausdruck zu bringen. Dafür gibt es andere Räume und Gelegenheiten. In der Schule geht es nicht um die persönliche Meinung. Hier ist vielleicht eine Auswirkung der Peergroup-Sozialisierung zu spüren. Horizontale Solidarität ist wichtiger als die Interaktion mit den Lehrern. Wer sich viel beteiligt, gerät schneller in den Verdacht, sich beim Lehrer einschmeicheln zu wollen.

Ebenfalls anders sind die Rückmeldungen der Lehrer auf Schüleräußerungen. Französische Lehrer haben keine Probleme damit, Schülerantworten mit »es stimmt« oder »es stimmt nicht« zu erwidern. In Deutschland sollen sie zunächst als individuelle Meinungen respektiert und nicht in richtig oder falsch eingeteilt werden.

An der Universität setzt sich die Tradition der Beteiligung fort. Deutsche Studenten, die nach Frankreich kommen, sind sehr überrascht, wie wenig sich die so genannten *Travaux Dirigés* (das funktionale Äquivalent zu einem Proseminar) von Vorlesungen unterscheiden. In Frankreich gibt es in der Tat erst ganz zum Schluss (etwa für Doktoranden) richtige Seminare im Sinne Humboldts.

Deutsche Studenten sähen es als autoritäre Schikane an, wenn sie nicht die Möglichkeit hätten, im Seminar zu diskutieren und ihre Analysen prüfen zu können. Franzosen sind aber angesichts des deutschen Systems gleichermaßen irritiert. Sie sind nicht da, »um zu diskutieren«. Eine französische Freundin, die für ihre Recherchen ein Jahr in Berlin verbracht hat, erzählte mir genervt: »Ich habe in verschiedene Seminare hineingeschnuppert. Die Diskussion war oft sehr platt. Dieses Geschwätz ist unerträglich, lauter Leute, die sich gerne reden hören und nichts zu sagen haben. Und die Dozenten brauchen sich nicht anzustrengen. Es genügt, wenn sie die Diskussion in Schwung bringen. Ich aber habe etwas anderes im Leben zu tun. Bei Vorlesungen verliert man wenigstens keine Zeit, das ist ihr Vorteil.« »Die Franzosen schreiben die ganze Zeit!«, empören sich wiederum die Deutschen.

Französische Studenten haben es tatsächlich eilig und kritzeln reichlich viel, da sie etwas Solides mit nach Hause nehmen wollen. Sie mögen also lieber einen dichten und gut strukturierten Kurs, der ihnen später für Prüfungen oder Hausarbeiten *nutzen* wird. Ihr Modellunterricht ist die gut erarbeitete Synthese (die manchmal die Lektüre eines Buches ersetzt). Die Deutschen gehen in Seminare, um dort ihre Diskussionsfähigkeiten unter Beweis zu stellen. »Sie schreiben nichts auf. Was machen sie denn hinterher?«, fragen die Franzosen. Ich selbst war sehr erstaunt, als ich Anfang der 1980er Jahre Frauen an einer deutschen Universität im Seminar stricken sah. Mittlerweile ist das Stricken allerdings etwas aus der Mode gekommen ...

Die *Verwertbarkeit* des gelehrten Stoffes ist das Hauptanliegen französischer Schüler und Studenten. Bereits im *Lycée* ist es in einer Abiturklasse ziemlich sinnlos, sich vom Prüfungsstoff zu entfernen. Jeder Versuch, eine Alternative vorzuschlagen oder zu erklären, warum man gerade diesen Text anders lesen könnte, trifft auf generelle Ungeduld: »Kommen Sie zum Punkt, sagen Sie, was Sache ist ...« – wo deutsche Schüler mehr Ehrgeiz zeigen, ihre eigene Meinung zu äußern.

Selbst an der Universität wird in Deutschland weniger doziert. Es gibt weniger die Sorge um den Wissensumfang als um den Prozess, Wissen zu erlangen. In der Universität wird viel daran gesetzt, beim Studenten ein Verhältnis herzustellen zwischen sich selbst und dem, was er lernt. Bei der Beschäftigung mit einem Text fragen sich ein deutscher Schüler oder eine Studentin, was ihnen der Text persönlich sagt. Lehrer unterrichten in Deutschland zwei Fächer (in Frankreich nur eins). Daher vielleicht ihr gößeres Interesse für die Fragen der Didaktik: Sie haben weniger den standesdenkerischen Verteidigungsreflex *ihres* Faches und bemühen sich intensiver um die Auswirkungen ihres Lehrens auf die Schüler.

### Andere Evaluierungsverfahren

Manche Unterschiede ergeben sich durch den unterschiedlichen Druck, der durch die Prüfungen auf den Studienablauf ausgeübt wird. Der Druck des *Baccalauréat* (französisches Abitur) auf das Alltagsgeschehen ist unvergleichlich größer als der des deutschen Abiturs.

Das deutsche Abitur ist eine nach Maß geschneiderte Prüfung. Der Kandidat sucht sich seine Leistungs- und Grundfächer aus und wird nur in diesen Fächern geprüft. Bei den anderen Fächern gelten die Zeugnisnoten. Das bedeutet, dass man bestimmte Fächer abwählen kann. In Frankreich werden alle Fächer unabhängig von der gewählten Ausrichtung geprüft. Die Wahl einer Fachrichtung (naturwissenschaftlich oder sprach- und literaturbetont usw.) erlaubt nur eine unterschiedliche Gewichtung der Fächer.

In beiden Ländern wird das einheimische Abitur kritisiert, jedoch aus entgegengesetzten Gründen. In Deutschland fragt man sich, ob nicht wieder mehr Gleichgewicht zwischen allen Fächern eingeführt werden sollte. In Frankreich stellen manche die Notwendigkeit einer nationalen, zentral organisierten Prüfung in Frage. Das derzeitige deutsche Abitur lastet auf jeden Fall nicht so schwer auf der Oberstufe. Wohingegen diese in Frankreich eine einzige Vorbereitungsphase auf die Prüfung ist. An der Universität gestaltet sich es genauso. In Frankreich wird man ständig geprüft – am Ende eines jeden Jahres, manchmal jedes Semester. Alle Lehrveranstaltungen werden mit einer Prüfung abgeschlossen. Und wenn man gerade keine Prüfung hat, schreibt man Klausuren, Hausarbeiten. Wenn man sich auf einen *concours* (eine in Frankreich wichtige Aufnahmeprüfung für eine der *grandes écoles* – hier gleichzusetzen mit Elitehochschulen – mit beschränkter Platzzahl) vorbereitet, dann schreibt man noch mehr. Dahingegen muss in Deutschland bei den meisten Kursen lediglich eine Hausarbeit geschrieben werden, die freilich umfangreicher ist und mehr Recherchen erfordert als ein französischer Aufsatz. Das Thema wird individuell mit den Dozenten abgestimmt. Wenn die Arbeit dann einmal als fertig gilt, oft erst Monate nach dem Ende des Seminars, wird sie abgegeben. Es gibt in Deutschland, zumindest in den Geisteswissenschaften, nur zwei Prüfungskomplexe, die Zwischenprüfung und die Abschlussprüfung. Wenn deutsche Studenten nach Frankreich kommen, sind sie zunächst entgeistert über den Prüfungsrhythmus, über die leistungsbegleitenden Prüfungen und über den allgemeinen Arbeitsaufwand, den sie aufbringen müssen. Französische Studenten empfinden die deutsche Universität als lasch!

Aus französischer Sicht ist es auch sehr überraschend, dass sowohl beim Abitur wie bei den akademischen Prüfungen die Prüfungsfragen individuell zwischen dem Kandidaten und den Prüfern abgestimmt werden. In Frankreich sind schriftliche Prüfungen anonym und mündliche Prüfungen werden nicht unbedingt von den bekannten Dozenten abgenommen. Das Maß an Unvorhersehbarem bei französischen Prüfungen erfordert gleichzeitig ein breiteres Grundwissen und trainierte Schreibfertigkeiten. Das setzt voraus, dass vorher geübt wird. Deutsche Studenten empfinden den französischen Prüfungsstil oft als sehr hart. Noch schlimmer ist es, wenn sie erfahren, dass einige Prüfungen öffentlich sind. Dieser Stressfaktor erscheint ihnen als unnötige Tortur. Ich war sehr überrascht, als ich das erste Mal in Deutschland prüfen musste: Meine Mitprüferin stellte die traditionelle Frage, ob die Kandidaten »sich körperlich und seelisch in der Lage fühlen, sich prüfen zu lassen«. Die Frage schien mir sehr entgegenkommend, wenngleich auch etwas unaufrichtig …

### Andere Leistungsformen

Die Leistungsgattungen, die genaue Bestimmung der zu erbringenden mündlichen und schriftlichen Leistungen sind ebenfalls sehr unterschiedlich. In Deutschland wird das Hausarbeitsthema individuell zwischen Studenten und Dozenten abgesprochen und die Arbeit darf irgendwann abgegeben werden. In Frankreich ist das Thema für eine ganze Gruppe verbindlich und muss schnell und pünktlich eingereicht werden. Die deutsche Hausarbeit hat schon die Form eines wissenschaftlichen Aufsatzes, d. h. mit Fußnoten und Bibliographie und erfordert eine umfangreiche Dokumentationsarbeit. Dafür muss man sich Zeit nehmen. Die französische Arbeit erfordert dagegen nicht so viel Recherche und versteht sich nicht als wissenschaftliche Leistung, sondern lediglich als Übung. Sie wird immer noch handschriftlich abgegeben. Dafür werden während einer Lehrveranstaltung mehr Arbeiten geschrieben. Die Prüfungen erfolgen vor Ort und *in beschränkter Zeit.* In der deutschen Hausarbeit wird die Fähigkeit zur unabhängigen Recherche bewertet, in der französischen gute Kenntnisse und argumentative Fertigkeiten. Es geht um die Fähigkeit zur schnellen Artikulation, die seit der Oberstufe trainiert worden ist. Beide Arbeitsarten erfordern und trainieren andere Fertigkeiten.

Schockiert war ein deutscher Student, als ich ihm kurz vor seinem Frankreich-Aufenthalt die Grundsätze der an französischen Schulen und Unis praktizierten argumentativen Rhetorik erklärte, die so genannte dialektische Gliederung. Diese zwingt dazu, bei einer These immer auch die *Gegenthese* zu berücksichtigen. Diese Logik der *dialektischen Gliederung* mochte er genauso wenig wie das Prinzip vom kollektiven Thema:»Nötigenfalls kann man mich also zwingen, mich mit Hitlers Thesen zu beschäftigen? Selbst wenn es nur darum geht, sie abzulehnen, finde ich das unwürdig!« Der Ärmste ist bestimmt noch verblüffter gewesen, als er vor Ort erfuhr, dass Arbeiten mit kollektivem Thema kollektiv *korrigiert* werden. An der Schule wie an der Uni muss eine *Musterarbeit (un corrigé-type)* produziert werden. Das finden deutsche Studenten furchtbar *autoritär* und – als Antwort auf die Arbeiten – wenig individualisiert. Manchmal zeige ich meinen Studenten als authentisches Dokument Heftchen mit den Abiturthemen des vorigen Jahres und den Lösungen dazu. Sie werden von den angehenden Abiturienten gekauft, um sich auf die schriftlichen Aufsatzprüfungen vorzubereiten. Das mutet den deutschen Studenten seltsam an.

Mit der französischen Art wird eine äußere Norm vorgezogen – die kollektive Formulierung eines Themas, dem sich das Individuum zu stellen hat. In diesem Rahmen ist Originalität natürlich erlaubt und erwünscht. Den Rahmen muss man aber akzeptieren. Die deutsche Art hingegen bevorzugt das Herausarbeiten und den Ausdruck einer intellektuellen Individualität.

Im Allgemeinen sind die deutschen Studenten bei einem Aufenthalt in Frankreich konsterniert über die Büffelei und die

Quantität der Arbeiten, die sie schreiben müssen. Nach ihrer Meinung macht das jegliche Wissensvertiefung unmöglich. Sie sehen zuerst das System von seiner repressiven Seite – als antiliberal und verschult. In der Tat ist der Stundenplan bis auf wenige Wahlfächer schon vorgeschrieben. Das Ganze steht im krassen Widerspruch zu dem üblichen Umgang mit der Zeit bei deutschen Studenten. Umgekehrt sagen französische Studenten in Deutschland, sie wüssten nicht, wo es langgeht. Ihnen fehlt ein fester Orientierungsrahmen. Manchmal haben sie Angst, ihre *Zeit zu verlieren.* Diese gegenseitigen Wahrnehmungen werden den Qualitäten und Mängeln beider Systeme nicht gerecht. Sie lassen die Differenzen aber ermessen.

Mit den vielen Unterrichtsstunden und Hausarbeiten lässt schon der Alltag französischer Oberschüler kaum Zeit für selbstbestimmte nichtschulische Aktivitäten. Der deutsche Schüleralltag ist nicht völlig von den schulischen Verpflichtungen in Beschlag genommen und lässt ein Leben nach der Schule zu.

### Individuum und Gruppendynamik

Im 19. Jahrhundert und in der ersten Hälfte des 20. Jahrhunderts gab es in Deutschland und Frankreich eine düstere Schulliteratur. Das Schicksal des *Zöglings Törleß* und des *Professor Unrat* ist nicht beneidenswerter als das des *Kindes* und des *Abiturienten* in den gleichnamigen Romanen von Jules Vallès. Manchmal hört sich die Schuldiskussion in den französischen Medien so an, als hätte der alte Krieg zwischen Lehrern und Schülern nie aufgehört. Zwar ist das Unbehagen in Deutschland ebenfalls zu spüren. Es ist aber – wie mir scheint – nicht so akut und vor allem weniger strukturell bedingt.

Deutsche Lehrkräfte, die die Gelegenheit hatten, in Frankreich sowohl an Schulen als auch an Hochschulen zu unterrichten, sind oft über die Härte und die Distanz in der Schüler-Lehrer-Beziehung erstaunt. Sie sind es gewohnt, mit ihren Schülern ein herzliches Verhältnis zu haben und mit ihrer spontanen Beteiligung rechnen zu können. Erstaunlich ist aus deutscher Sicht das pure Verlangen nach Autorität, das von den Schülern selbst und von den Familien ausgeht, die ihre Kinder in fester Hand wissen wollen. In der Tat brauchen französische Schüler viel mehr als ihre deutschen Kollegen Strafmaßnahmen und Machtdemonstrationen, um Respekt zu haben. Sie sind nur bereit, Inhalte zu akzeptieren, die mit Attributen von Macht geschmückt sind. Deutsche Schüler, bei denen das Erlernen von verantwortlichem Gruppenverhalten seine Früchte trägt, wirken reifer und kooperativer. Es käme ihnen nicht in den Sinn, das Kräftemessen systematisch zu fordern oder einen entspannten Lehrstil als ein Eingeständnis von Schwäche seitens der Lehrer zu interpretieren.

Eine französische Klasse erweckt eher als eine deutsche den Eindruck, durch Feindschaft gegenüber dem Lehrer zusammengeschweißt zu sein. Dass es in deutschen Klassenräumen nur friedlich und konsensfähig zugeht, wäre übertrieben. Die Unruhe der Schüler hat aber weniger den Charakter eines permanenten Aufruhrs gegen die Autorität. Charakteristisch für die Haltung französischer Schüler ist eine Mischung von Passivität der Individuen und prinzipiellem Widerstand der Gruppe.

Wenn sich Schüler in Deutschland am Unterricht beteiligen, riskieren sie deshalb nicht, sofort als Schleimer gebrandmarkt zu werden, wohingegen sie in Frankreich schneller in eine heikle Lage zwischen Gruppensolidarität und Interesse am Unterricht geraten.

Das Schüler-Lehrer-Verhältnis darf in Deutschland persönlicher und weniger anonym sein. Die Lehrer sehen in den Schülern etwas anderes als Gehirne, die es zu füllen gilt, und Leistungen, die auszuwerten sind. Die Schüler selbst erwarten eine Aufmerksamkeit, die über ihre schulischen Leistungen hinaus-

geht und ihre ganze Person mit ihren Lebenszielen berücksichtigt. Es ist für sie nicht ausgeschlossen, im Lehrer einen Gesprächspartner zu sehen.

In Frankreich würde dieser Wille, hinter dem Schüler ein
Individuum zu sehen, viel schneller in dem Verdacht stehen, sich
auf einer ungesunden emotionalen Ebene zu bewegen. Im
schlimmsten Fall könnte es als eine Verletzung der republikanischen Gleichheit gelten: Jeder Mensch ist, was er kann, und der
Rest geht die Schule gar nichts an …

## Zwei verschiedene Sozialisierungsmuster

Seltsamerweise ändert sich der deutsch-französische Gegensatz
mit der Zeit. Deutsche Kleinkinder wirken in der Familie in der
Tat tyrannischer und erwachsenenabhängiger als ihre französischen Kollegen. Später weisen aber deutsche Jugendliche in
Gruppen (z. B. in der Schule) dieses frontale Oppositionsverhalten nicht so systematisch auf. Mir kommt das in dieser Phase im
Vergleich als typisch französisch vor. Die deutsche Haltung ist
dagegen verantwortungsvoller, dabei gleichzeitig individualisierter und autonomer.

Dafür gibt es schon Gründe. Die gelungene Erziehung zur Verantwortung bei den einen, ihr Ausbleiben bei den anderen macht
sich bemerkbar.[26] Hinzukommen die unterschiedlichen Sozial-
isierungsmuster. In diesem Alter führt vielleicht die ausschließliche Sozialisierung unter Gleichaltrigen leichter zu ungesunden
Gruppendynamiken. Die langen Schultage bis 17 oder manchmal
18 Uhr lassen nichts anderes zu. Kürzere Schultage in Deutschland erlauben eine selbstbestimmte Gestaltung der übrigen Zeit.
Dadurch sind Jugendliche dem Druck von Gruppenlogiken weniger ausgeliefert. Sie sind besser dagegen gewappnet. Ein wichtiger
Aspekt von deutschem *sozialen Lernen* ist eben die kritische Ausein-

andersetzung mit ungesunden Gruppendynamiken. Schon im Kindergarten oder in der Schule werden Bandenphänomene und Machtkonstellationen unter den Kindern von Lehrern und Erziehern sehr aufmerksam beobachtet. Solche Verhältnisse werden eventuell mit den Kindern gemeinsam diskutiert. Kinder und Jugendliche werden ermutigt, sich zu wehren, sich nicht beeinflussen zu lassen. Dabei unterstützen sie die zuständigen Bezugspersonen. Französische Kinder und vor allem Jugendliche sind sich in vergleichbaren Situationen viel mehr selbst ausgeliefert. Lehrer fühlen sich nicht zuständig – dafür gibt es die Erziehungsberater!

In Deutschland ist wahrscheinlich diese Aufmerksamkeit für Gruppendruck und -leid ein weiteres Ergebnis der psychopolitischen Verarbeitung der Vergangenheit: Gruppenphänomene, naive Identifikation des Individuums mit der Gruppe, Machtdynamiken werden als gefährlich wahrgenommen. Die Rolle einer wohlverstandenen Erziehung ist es, diesen Mechanismen vorzubeugen und sie zu unterbinden.

Die Peergroup in der Schule ist der Prototyp einer horizontalen, vom Statut her definierten, solidarischen Gemeinschaft. Im schulischen Verhalten sind bereits spätere Verhaltensweisen vorhanden. Im Vergleich fällt mir auf, dass in französischen Elternratgebern oder Psychologiebüchern für ein breites Publikum Formen von Oppositionsverhalten viel positiver geschildert werden als in Deutschland. Es sind nicht nur pubertäre Verhaltensweisen, von denen man im deutschen Diskurs nur hofft, dass sie sich bald legen oder durch Verständnis und Vertrauen mildern lassen, sondern positive, ehrenhafte Verhaltensweisen. Ohne diese Fähigkeit zu rebellieren, sei der Mensch kein Mensch, und diese Fähigkeit soll sich regelmäßig manifestieren. Die notwendige Opposition gehört demnach viel stärker zum ländertypischen populärwissenschaftlichen Verständnis in der Psychologie. Gruppendynamiken, die ich bei französischen Schülern beschrieben habe, werden durch die Institution verstärkt, aber auch auf schleichendere

Art durch das kollektive Bewusstsein und die gemeinsame psychologische Kultur. Oppositionsverhalten hat im Gegensatz zur Zusammenarbeit und Suche nach einer ausgehandelten Lösung etwas Ehrenhaftes und psychisch Gesundes.

## Existentielle Entscheidungen

### Berufung gegen Ehrenlogik

Ein Treffen zwischen französischen und deutschen Studenten während eines gemeinsamen Seminars im Rahmen der Partnerschaft zwischen unseren beiden Universitäten: Alle sind im Hauptstudium. Obwohl die Deutschen etwas älter als die Franzosen sind, weiß die Mehrzahl der letzteren – eigentlich sind es fast nur Französinnen – genau, was sie mit ihrem zukünftigen Abschluss im Leben machen werden, d. h. welches Praktikum, welche Weiterbildung. Kurzfristig haben sie konkrete Berufsperspektiven. Von deutscher Seite weiß niemand, was er oder sie später machen soll – bis auf zwei, die sich auf das Lehramt vorbereiten. Keiner hat sich konkret die Frage gestellt. Keiner fühlt sich gezwungen, eine schnelle Entscheidung zu treffen. Diese Haltung finden die Französinnen kindisch und unverantwortlich. Sie wollen so schnell wie möglich das Studium beenden. Ihrer Meinung nach ist es die einzig wahre *erwachsene* Entscheidung. Der Rest sei lediglich Dilettantismus. Die Deutschen wundern sich über so viel Eile, in das Berufsleben einsteigen zu wollen. Den französischen Studentinnen sind die Berufsaussichten ein sehr wichtiges Anliegen.

Im Vergleich fiel mir auf, dass französische Schüler in der Oberstufe sich schon genauere Gedanken machen. Selbst wenn sie sich noch nicht genau im Klaren sind, was sie später machen wollen, sind sie über mögliche Ausbildungswege und Berufsaussichten gut informiert. Eventuell wissen deutsche Schüler zu diesem Zeitpunkt, in welchem Bereich sie später gerne tätig wären.

Darüber hinaus, und das ist ein entscheidender Punkt, richten sich die jungen Franzosen deutlicher nach Kriterien, die nicht nur mit ihrer Berufung oder ihren Interessen zu tun haben: Wie sind in diesem Beruf die Karrieremöglichkeiten? Welcher Beruf, welche Karriere entspricht meinen Fähigkeiten? Deutsche Jugendliche überlegen erst einmal, worauf sie Lust haben: Was gefällt mir, in welchem Beruf werde ich mich verwirklichen können? Erst dann fragen sie, wie sich ihr Vorhaben konkret umsetzen lässt.

Französische Berufspläne haben systematischer als deutsche das Ziel, eine soziale Position zu sichern: »Im Leben etwas erreichen wollen«, sagen selbst die, die aus guten Elternhäusern kommen. Die Gesellschaft und das Berufsleben sehen sie als eine Leiter, die es zu erklimmen gilt. Hierarchien zwischen akademischen und nichtakademischen Berufen, zwischen Massenuniversitäten und Elitehochschulen sind prägender als in Deutschland. In ihren Entscheidungen richten sich die Individuen nach dieser verinnerlichten Hierarchie, die von der Gesellschaft vorgegeben wird. Dafür hat ein französischer Soziologe den Begriff der »Ehrenlogik» geprägt.[27]

Nicht, dass Deutsche gegenüber beruflichem Erfolg gleichgültig wären. Dieser wird aber weniger stark durch eine von der Gesellschaft vorgegebene Hierarchie definiert. Subjektiv zumindest orientieren sie sich nicht systematisch daran. Diese subjektive Wahrnehmung ist aber entscheidend. Die Hierarchie ist weniger prägend. Darüber hinaus ist sie vielfältiger. Die deutsche Gesellschaft lässt eher bei den Menschen eine Verwirklichung in verschiedenen, auch handwerklichen Berufen zu.

Aus französischer Sicht erscheint es deshalb paradox, dass in Deutschland sehr früh, bereits am Ende der 4. Klasse, zwischen den verschiedenen Schulformen entschieden werden muss. In Frankreich fällt diese Entscheidung am Ende der 9. Klasse. Auf der anderen Seite ist es in Deutschland eher möglich, nach einem Hauptschulabschluss eine Realschule zu besuchen und nach einem erfolgreichen Realschulabschluss aufs Gymnasium zu wechseln. Wohingegen die Entscheidung in Frankreich einen endgültigeren Charakter hat. Vor allem sind diese Entscheidungen in Deutschland nicht so systematisch mit Werturteilen verbunden.

Nach der Grundschule ist ein kleiner deutscher Junge aus meiner Verwandtschaft zur *Realschule* gegangen. »Weißt du«, sagte mir die Mutter (die selbst Lehrerin ist; auch der Vater ist Lehrer, zudem in einer weiteren Ausbildung Schreinergeselle), »wir denken, es ist besser für ihn. Abstrakte Dinge mag er nicht sehr, Bücher lesen auch nicht. Das Gymnasium würde zu großen Druck auf ihn ausüben. Er wird so glücklicher sein. Er soll seinen Realschulabschluss machen und dann sehen, ob er doch noch Abitur machen möchte oder lieber eine Lehre.« Die kleine Schwester hingegen ist auf das Gymnasium gegangen. Es war nicht eine Frage der Noten, des *Niveaus*, wie man in Frankreich sagen würde, denn die des Jungen waren keinesfalls schlecht. Die unterschiedlichen Bahnen im Kreis der Familie scheinen kein Problem zu bereiten. Eine solch heitere Gelassenheit wäre bei französischen Eltern undenkbar – vor allem bei Eltern, die selbst Lehrer sind! Sie hätten alles auf den Kopf gestellt, damit ihre Kinder so lange wie möglich auf dem Weg bleiben, der von der Gesellschaft als *Königsweg* angesehen wird. Mir scheint es auch charakteristisch für die Entscheidungen in dieser Familie, dass die Eltern über die Zukunftsaussichten ihres Sohnes nicht besonders beunruhigt sind und nicht zögern, sein gegenwärtiges Glück mit in ihre Überlegungen einzubeziehen. In dieser Situation wären französische Eltern davon überzeugt, dass ihr Kind gewisse Opfer bringen muss, um *alle Chancen auf seine Seite* zu bringen.

Französische Eltern geben den verinnerlichten sozialen Druck an ihre Kinder weiter. Für sie wollen sie das Beste, d. h. das, was die Gesellschaft bevorzugt. Dafür sind Eltern und Kinder bereit, viel zu opfern: Erstere lassen Nachhilfeunterricht geben oder suchen eine Privatschule, in der die Kinder besser betreut werden sollen; die Kinder opfern eventuell eine Orientierung, die ihren Interessen und Fähigkeiten besser entsprechen würde. Auf Kosten anderer Aktivitäten wie Sport oder Musik investieren sie viel mehr Zeit in die rein schulische Arbeit, um nicht vom *Königsweg* abzukommen, der wiederum der Schlüssel zum *guten Beruf* ist.

Deutsche Eltern sind da entspannter und lassen ihre Kinder Fächer ohne sichere Berufsaussichten studieren, wie z. B. Schauspiel oder Musik, wenn es ihr Wunsch und ihre Begabung ist. Die Kinder sollen sich dann auf dem von ihnen gewählten Gebiet behaupten. Französische Eltern bevorzugen bei der Wahl einer Karriere Sicherheit und Prestige.

Beide Gesellschaften stellen andere Ansprüche an ihre Schule. In Deutschland erwartet man von der Schule, dass sie den Menschen auf sein zukünftiges Leben vorbereitet und ihm dazu verhilft, eine eigenständige und verantwortungsbewusste Person zu werden, was sich nicht auf den schulischen Erfolg in seinem engsten Sinn beschränkt. Das Erziehungsziel ist allgemeiner. Es umfasst alle Aspekte der Persönlichkeit.

In Frankreich sieht die Öffentlichkeit die Schule als *sozialen Fahrstuhl (ascenseur social)*. Die Schule soll die soziale Integration befördern. Das ist zumindest der fromme Wunsch der französischen Gesellschaft an ihre Schule, selbst wenn allen schmerzlich bewusst ist, wie wenig sie das schafft. Diese Erwartung, dass die Schule als soziale Leiter dienen soll, erklärt wiederum, warum sie *schulischen Misserfolg (échec scolaire)* produziert. Sicherlich gibt es objektive Kriterien des *schulischen Misserfolges*, wie etwa messbar schwache Leistungen. Aber was die Gesellschaft in ihrer Gesamtheit damit meint, ist schließlich das Gefühl derer, die vom königlichen Weg ausgeschlossen worden sind. Der *schulische Misserfolg* ist demnach auch das Produkt einer prägenderen sozialen Hierarchie der Berufe.

Merkwürdigerweise hat die Arbeitslosigkeit, die in beiden Ländern in den letzten 30 Jahren eine vergleichbare Entwicklung genommen hat, unterschiedliche Auswirkungen auf Ausbildungs- und Karriereentscheidungen gehabt. In Frankreich erscheinen die Jugendarbeitslosigkeit und die Schwierigkeit, eine erste Anstellung zu finden, eine plausible Erklärung für die Angst vor dem *schulischen Misserfolg*. Diese von Jugendlichen und ihren Eltern verinnerlichte Angst hat den Schuldruck nur noch verstärkt: »Wenn du in der Schule schlecht bist, bekommst du keinen Job, oder einen schlechten«. In Deutschland scheint die Arbeitslosigkeit, die vielleicht nicht so spezifisch die Erstarbeitsuchenden trifft, individuelle Lebensentscheidungen nicht derartig zu beeinflussen.

Handwerkliche und nichtakademische Berufe genießen in Deutschland einen angeseheneren Status. Sie werden nicht notwendigerweise als zweite Wahl, als Ergebnis einer Selektion durch Scheitern *(sélection par l'échec)*, empfunden. In Deutschland ist eine Lehre keineswegs eine Strafe für *schulischen Misserfolg*. Es ist auch vorstellbar, zuerst eine Lehre zu machen und sich danach für ein akademisches Studium Zeit zu nehmen. Nicht selten sind an der Universität Studenten anzutreffen, die zuerst eine Lehre gemacht haben, entweder aus Interesse oder weil der erlernte Beruf ihnen eine Sicherheit gibt. Arbeitgeber sollen es sogar im Lebenslauf schätzen: Es wird als ein sicheres Zeichen gewertet, dass der Kandidat einen Sinn für Praktisches hat. In Frankreich ist eine solche Laufbahn undenkbar.

## Mehr Zeit für sich haben

Ein Mensch braucht bei der Suche nach dem für ihn passenden Beruf Zeit und darf sich dabei sogar zunächst täuschen. Das wird in Deutschland akzeptiert. Umgekehrt ist das Phänomen der Langzeitstudierenden kein französisches. Die ganze Organisation des Studiums zwingt zu einem schnellen Abschluss. Viele *Grandes Écoles* haben z. B. eine Altersbeschränkung. Dies bedeutet, dass Studienfachwechsel schwieriger sind und man sich lieber gleich richtig entscheiden muss ... Junge Abgänger sind in Frankreich angesehen. In Deutschland sind sie fast suspekt.

Manche Bundesländer haben die Schulzeit bis zum Abitur schon von 13 auf 12 Jahre verkürzt. Sehr charaktcristisch für eine deutsche Einstellung fand ich die kritische Reaktion einer Journalistin in *Die Zeit*: Schüler brauchen Zeit,»nicht nur, um sich den regulären Unterrichtsgegenständen zu widmen, sondern vor allem für jene Dinge, die Gymnasien auszeichnen: für die Theatergruppen, die Chöre und Orchester, für die Schülerzeitungen und SV-Teams, für den Bundeswettbewerb Mathematik, für Jugend forscht, für die Informatik-AGs und die selbstverwaltete Schulcafeteria. All dies ist Bildung. All dies ist projektbezogenes, selbstbestimmtes Lernen, ohne dass ›Projekt‹ verordnet auf dem Stundenplan stünde. All dies fördert die so begehrte Sozialkompetenz.«[28] Der deutsche Begriff *Bildung* drückt ein umfassenderes Verständnis von persönlicher Entwicklung aus als der französische Begriff *culture*.

Auch wenn das deutsche Phänomen der Langzeitstudierenden beunruhigende Ausmaße annimmt, hängt es damit zusammen, dass die deutsche Kultur dem Individuum Zeit gönnt. Abiturienten waren bis jetzt ein Jahr älter. Es ist nicht selten, dass nach der Schule erst einmal ein Jahr gejobbt wird, bevor das Studium losgeht, oder dass erst einmal eine große Reise unternommen wird oder sogar eine Lehre. Das Studium ist nicht wie in Frankreich nach Jahren mit festem Lehrplan organisiert – daher die längeren Studienzeiten, daher die Kinderwagen in der Mensa. In Frankreich hat man normalerweise das Studium längst abgeschlossen, wenn man an eine Familie denkt.

Französische Studenten bevorzugen Studiengänge mit sicheren *Berufsaussichten*. Sie haben es eilig, das Studium zu beenden, denn *das wahre Leben* beginnt erst danach. Deutsche Studierende sind viel eher bereit, auf die Bequemlichkeiten des Berufslebens für eine längere Zeit zu verzichten, weil das Studium mit seinen Rhythmen und Freiheiten für sie auch *das wahre Leben* sein kann.

Das deutsche Studium hat, ebenso wie z. B. das amerikanische, den Charakter einer existentiellen Erfahrung beibehalten. Die Studienzeit ist nicht nur die Zeit, in der man seinen Abschluss schnell hinter sich bringen muss, sondern eine Lebenszeit, die das Individuum formt und die es für sich selbst zu genießen gilt. Das Humboldt'sche Ideal ist noch nicht völlig verschwunden. Der Sprachgebrauch spiegelt übrigens diese unterschiedliche Einstellung wider: Auf Deutsch kann man sagen »ich studiere«, ohne zu sagen, was studiert wird. Im Französischen muss man sagen, was man studiert *(faire des études de…)*. Studieren heißt auf Deutsch, den existentiellen Studentenstatus zu haben.

# Individualisten

Die eben geschilderte Erziehungsideologie beweist, dass das Individuum und seine freie Entwicklung ganz zentrale Anliegen sind. Deutschland ist eine individualistische Gesellschaft. Daran ist nichts Außergewöhnliches. Individualismus ist ein Charakteristikum aller modernen Kulturen. Von einem deutschen Individualismus zu sprechen, mag jedoch für französische Gemüter überraschend, fast provokant erscheinen. Der Fremd- und sogar Autostereotyp betont vordergründig, die Deutschen seien ein Herdenvolk, diszipliniert und konformistisch. Das bewiese ihr neurotischer Respekt gegenüber Regeln, ihr Ordnungssinn, ihre damals breite Akzeptanz des Nationalsozialismus, ihre heutige Vorliebe für Massenurlaub rund ums Mittelmeer usw.

Individualismus kann man in der Tat verschieden definieren und damit sehr unterschiedliche Phänomene erfassen. Der allgemeine Sprachgebrauch versteht darunter etwa das egoistische Verfolgen eigener Interessen. Eine individualistische Gesellschaft als Gesellschaft ohne Solidarität wäre eine Ellenbogengesellschaft.

Im Französischen bezeichnet man als Individualist einen Menschen, der bewusst gegen kollektive Normen verstößt, sich um jeden Preis von der Masse abheben will. Der Individualist ist ein Original. Er ist einer, der macht, was ihm gefällt, ohne sich um die anderen zu sorgen, zuweilen oft jemand, der seine Eigenart unter Beweis stellen will. Dieser von Provokation gefärbte Individualismus *à la française* wird in Zusammenhang mit einem gewissen Nationalstolz gepflegt. In diesem Sinne sind die Franzosen sicherlich individualistischer als die Deutschen: Sie denken viel eher, das Einhalten bestimmter Regeln (die rote

Ampel, das Tragen des Sicherheitsgurtes usw.) sei nicht für sie persönlich gemeint.

Individualismus kann aber auch die Sorge des Individuums für sich selbst und für seine Entfaltung bedeuten. Michel Foucault sprach einst von dieser »Sorge um sich selbst«.[29] Damit meinte er das Verhältnis des freien Menschen zu sich selbst am Beispiel der antiken Kulturen. Diese »Sorge« kann die Form eines existentiellen Projektes annehmen: Der Mensch arbeitet an sich selbst und baut ein für sich sinnstiftendes Leben auf.

So gesehen ist Individualismus nicht unbedingt synonym mit Konkurrenz zu verstehen. Er äußert sich nicht unbedingt gegen die anderen als Einzelpersonen oder als Kollektiv. Im Gegenteil, er gönnt, wünscht und fordert auch von den anderen die Entfaltung ihrer Individualität, und man sorgt sich sogar um sie. Die gesamte Gesellschaft orientiert sich am Anspruch aller auf die eigene Verwirklichung. Sie ist ein kollektiver Wert. In diesem Sinne sind die Deutschen Individualisten, mehr noch sogar als die Franzosen und die übrige Welt und mehr als sie selbst meinen.

Im dritten Teil wird sich die Frage stellen, wie ein Volk von Individualisten eine Gesellschaft bilden kann: Wie verträgt sich in Deutschland der oben definierte Individualismus mit dem Gemeinschaftssinn? Zwar ist Individualismus ein allgemeines Merkmal moderner Gesellschaften. Jede Gesellschaft hat aber ihre konkrete Art, diesen Individualismus mit dem Gemeinschaftsleben zu kombinieren. In diesen Differenzen liegen viele Ursachen interkultureller Missverständnisse.

In der Frage von *Individuum* und *Gesellschaft* fange ich beim *Individuum* an, weil dieser Aspekt deutscher Kultur den allgemein tradierten Stereotypen widerspricht. Aber auch, weil sich dieser Aspekt des Lebens nicht so leicht beobachten lässt wie andere geschriebene und ungeschriebene Regeln des kollektiven Verhaltens. Seine Beobachtung setzt Zugang zu der Privatsphäre der Menschen voraus.

In diesem zweiten Teil werde ich demnach darstellen, wie sich diese *Sorge um sich selbst* in den verschiedenen Lebensbereichen äußert: in der Teilung zwischen Arbeitszeit und privater Zeit, in den Erwartungen hinsichtlich körperlichem und seelischem Wohlbefinden, den Vorbehalten gegenüber der Familie, dem Verhältnis zum häuslichen und öffentlichen Raum.

## Zeit für sich

Die Deutschen arbeiten – entgegen einer weltweiten Annahme – nicht mehr, sondern weniger als andere Völker. Jedenfalls weniger als die Franzosen: Sie arbeiten weniger Stunden pro Tag und weniger Wochen pro Jahr.

Sie äußern sich auch weniger fanatisch über ihre Arbeit als die Franzosen. Sie bevorzugen sogar explizit die *Freizeit*: 34 % der befragten Deutschen (gegenüber 60 % der Franzosen) betrachten ihre Arbeit als »sehr wichtig«. Hingegen ist für 39 % (gegenüber 31 % der Franzosen) die Freizeit »sehr wichtig«.[30] Der mit den Deutschen assoziierte Stereotyp, sie lebten, um zu arbeiten und die Franzosen arbeiteten, um zu leben, ist in Frage zu stellen.[31]

### Arbeit, Freizeit und Lebensprojekt

Es wird deutlich, dass die Zahlen nicht die tatsächliche Arbeitsleidenschaft der einen oder anderen widerspiegeln, sondern nur den Platz, den die Arbeit subjektiv in der Hierarchie ihrer Anliegen einnimmt. Diese Wertungen sind in keinerlei Weise Urteile über die Intensität und Qualität dieser Arbeit. Sie bedeuten auch nicht, dass die Arbeit kein fundamentaler Wert der deutschen Gesellschaft mehr wäre. Sie sagen nur aus, dass die Arbeit nicht mehr die Priorität der Prioritäten in ihrer Wertskala ist. Die Deutschen betonen den Teil ihrer Existenz, der nicht durch die berufliche Aktivität in Beschlag genommen ist. Wohingegen die Franzosen sich weiterhin stärker über ihre Arbeit definieren.

Vom Standpunkt der Selbstverwirklichung her werden Arbeit und Freizeit im Vergleich zu Frankreich weniger als Gegensätze empfunden. Das ist nur auf den ersten Blick paradox. Die Arbeit ist und bleibt für die Deutschen ein fundamentaler Wert ebenso wie eine Möglichkeit der individuellen Verwirklichung. Der Unterschied liegt vielmehr darin, dass die Deutschen in ihr zuerst ein Mittel sehen, sich selbst zu verwirklichen, wohingegen die Franzosen hierin ein Mittel sehen, ihre soziale Position zu sichern.

Wenn die Leute gefragt werden, was ihnen das Wichtigste an ihrer Arbeit sei, dann zählen die Deutschen Eigenschaften auf, die im direkten Verhältnis zu ihrer Tätigkeit stehen. Dabei ist ihnen wichtig, wie sich diese Tätigkeit in ihr übriges Leben einfügt. Die genannten Qualitäten sind Autonomie, flexible Zeiten, stressfreie Atmosphäre, die Möglichkeit zur Selbstverwirklichung ... Die berufliche Tätigkeit wird in das allgemeinere Ziel der persönlichen Entwicklung integriert und nach ihrem Beitrag zur Selbstverwirklichung bewertet.

Die Franzosen erwähnen hingegen zuerst die Möglichkeit, schnell größere Verantwortungen zu übernehmen und ihre Karriere voranzutreiben. Sie sind eher bereit, für Eroberung oder Erhalt eines Status Opfer im persönlichen Leben zu bringen. An diesem Status lässt sich die Selbstverwirklichung messen. In Deutschland ist Selbstverwirklichung nicht untrennbar mit Status verbunden. Schematisch könnte man sagen, das Individuum versucht, die Kriterien seines Erfolges selbst zu bestimmen, wohingegen es sich in Frankreich den Erfolgskriterien beugt, die von der Gesellschaft vorgegeben werden.

Daher gibt es in Deutschland zwei zusammenhängende – und keineswegs widersprüchliche – Tendenzen. Einerseits die Arbeit an das Individuum anzupassen (dies eher als umgekehrt), und andererseits, sich Zeit neben der Arbeit frei zu halten. Daher die größere Bedeutung, die den qualitativen Faktoren (flexible Zeiten, angenehme Arbeitsbedingungen, kein Stress) zukommt; daher der Versuch des Individuums, die Oberhand in der Gestaltung seiner Zeit nicht zu verlieren und das Gleichgewicht zwischen beruflichen Ambitionen und privatem und familiärem Leben zu erhalten. Gerade im Letzteren neigen die Franzosen eher dazu, dieses Gleichgewicht ihrer Arbeit zu opfern.[32]

Eine französische Freundin, Mutter einer vierjährigen Tochter, kommt nie vor 19 Uhr nach Hause. Sie klagt darüber, dass die von der *École maternelle* abgeholte und bis zu ihrer Rückkehr von einem Babysitter betreute Tochter sich weigert, vor 21 oder 22 Uhr schlafen zu gehen. »Verstehst du, sie hat Lust, mich ein bisschen für sich zu haben.« Ich wage es zu fragen, ob es nicht möglich sei, etwas eher vom Büro nach Hause zu kommen. »Aber ich habe große Verantwortung (*je suis cadre*)! Ich muss vor Ort sein.« In Frankreich ist der soziale Druck viel stärker verinnerlicht. Dieser befiehlt, vor Ort zu sein, Gewehr bei Fuß, vor allem dann, wenn wichtige Entscheidungen getroffen werden.

Umgekehrt war eine andere französische Freundin, die einige Zeit in der Redaktion einer großen deutschen Plattenfirma gearbeitet hat, erstaunt, dass alle Angestellten, auch die Vorgesetzten, die Stechuhren bedienten. Ein deutscher Chef lässt seine Sekretärin nicht über ihre Arbeitszeit hinaus arbeiten. Das wäre ein indiskreter Angriff auf ein Grundrecht, d. h. auf das Recht, nicht mehr zu arbeiten als die Stunden, für die man bezahlt wird. Und selbst in verantwortlichen Posten fühlt man sich oft nicht verpflichtet, sein Engagement durch Anwesenheit am Arbeitsplatz außerhalb der regulären Arbeitszeit unter Beweis zu stellen.

Dies kann zuweilen zu Konflikten zwischen französischen und deutschen Partnern führen: »Es ist komisch«, sagt mir ein befreundeter Ingenieur von Airbus in Toulouse, »die Deutschen haben den Ruf, Arbeitstiere zu sein. Aber wenn etwas Unvorhergesehenes passiert, wenn wir jemanden etwas länger oder am Wochenende brauchen, dann ist mit Sicherheit keiner der deutschen Ingenieure dabei.« Die Deutschen haben eine Art, außerhalb ihrer Arbeitszeit nicht mehr verfügbar zu sein, die der Ingenieur als Mangel an Seriosität ansieht, als Indiz einer geringen Identifikation mit der eigenen Arbeit. Ohne gleich ihre Arbeit leicht zu nehmen, weigern sich die Deutschen in der Tat, ihr bedingungslos ausgeliefert zu sein. Überstunden tolerieren sie weniger als die Franzosen. In Frankreich bringt es die Natur der hierarchischen Verhältnisse mit sich, dass die Anwesenheit und Verfügbarkeit viel wichtigere Elemente für die Karriere sind.[33] Dazu würde man im Deutschen etwas verächtlich *Karrierestreben* sagen.

## Feierabend

Viel mehr als in Frankreich ist man sich in Deutschland einig, dass die Arbeit nicht überhand nehmen darf. Es gibt ein Leben nach der Arbeit oder auch darüber hinaus, sagen sie. Diese Zeit ist wertvoll, weil das Individuum sie frei gestalten und sich in ihr realisieren kann. Es kommt nicht von ungefähr, dass große deutsche Unternehmen wie Volkswagen die ersten in Europa waren, die Versuche zur Verkürzung und Flexibilisierung der Arbeitszeit unternahmen.

Das Wort *Feierabend* ist nicht ins Französische zu übersetzen. Wer das Büro verlässt, wünscht seinen Kollegen und Kolleginnen *einen schönen Feierabend*. Etymologisch gesehen, war der *Feierabend* der arbeitsfreie Vorabend vor einem Feiertag. Im modernen Deutsch ist es die Zeit nach der Arbeit, die Zeit für sich, für das

Familienleben und den Freundeskreis und für andere nichtberufliche Aktivitäten.[34] Das Wort *Feierabend* bedeutet genau das: Es gibt ein Leben nach der Arbeit, genauso wie es für die Schulkinder ein Leben nach der Schule gibt. Diese private Zeit ist heute die wertvolle Zeit. Der Ausdruck *Feierabend* wird übrigens auch im übertragenen Sinne als klarer Schnitt gebraucht:»und Schluss ... und Feierabend« drückt so etwas aus wie »jetzt ist wirklich Schluss«. Er dient manchmal als Klausel für eine kategorische Behauptung, die keinen Widerspruch duldet, so ähnlich wie *»et point à la ligne«* (und Punkt, nächste Zeile) im Französischen.

In diesem klaren Schnitt zwischen Arbeits- und Freizeit kann man die Symptome einer monochronischen Kultur sehen, um den von dem amerikanischen Anthropologen Edward T Hall geschaffenen Begriff aufzugreifen. Deutschland ist das perfekte Beispiel einer monochronischen Kultur, in der alles nacheinander gemacht wird. Es wird nur eine Sache zu einer bestimmten Zeit gemacht und jede Sache zu ihrer Zeit. Monochronischen Kulturen stehen polychronische Kulturen gegenüber, in denen mehrere Dinge gleichzeitig gemacht werden, z. B. arbeiten und Spaß haben. Die französische Kultur ist eine polychronische Kultur *par excellence.*

Zum Gegensatz polychron-monochron kommt noch der zwischen *expliziten* und *impliziten* Kulturen hinzu. Monochronische Kulturen sind oft explizit: Alles wird auf den Tisch gelegt und es bedarf wenig Kontextwissens, um eine Aufgabe zu erledigen. In polychronischen Kulturen werden dagegen Anforderungen nicht immer direkt oder ausführlich formuliert. Sie ergeben sich aus dem Kontext. Die Orientierung benötigt mehr Kontextwissen, was auch erklärt, warum eine lange Präsenz am Arbeitsplatz unabdingbar ist.[35]

In Deutschland wird zuerst gearbeitet, dann kommen Spaß und Erholung. Spaß vermischt sich nicht mit der Arbeitszeit. In Frankreich hingegen verbindet sich Spaß – in Form von

Gesellschaftlichem – mit der Arbeitszeit. Sitzungen, Konferenzen, Geschäftsessen, ein Glas zusammen trinken gehen, all dies gehört zur Arbeit und verlängert die Arbeitszeit. Die berufliche Geselligkeit übernimmt den Stil der freundschaftlichen und privaten. Sie neigt dazu, in die private überzugehen. Die Grenzen werden weniger klar gezogen. Deshalb kann es leichter passieren, dass das Berufliche ins Private überschwappt. Daher die Funken, die sich bei deutsch-französischen Arbeitskooperationen manchmal entzünden, z. B. während Kongressen: Die Deutschen wünschen sich, dass die Zeiten für das Ende der Sitzung und den Beginn der Essenszeit eingehalten werden. Den Franzosen ist es nicht so wichtig, wenn die Sitzung etwas länger dauert. Es kann sogar als ein Erfolg in Bezug auf die Begegnung interpretiert werden.

Ein anderer Faktor, der dazu beiträgt, mehr private Zeit zu erlangen, ist der frühe Beginn des deutschen Arbeitstages und die kürzere Mittagspause. Der Tag endet früher. In der U-Bahn beginnt die Hauptverkehrszeit um 15 Uhr und endet gegen 17 Uhr. In der Pariser Metro fängt sie gegen 17 Uhr an und endet gegen 19 Uhr. In Frankreich ist es unmöglich, jemanden in der Verwaltung zwischen 13 Uhr und 14.30 Uhr oder gar 15 Uhr anzutreffen. Wohingegen in Deutschland kaum jemand nach 16 Uhr in der Verwaltung sein wird, manchmal auch schon ab 15 Uhr oder 14 Uhr nicht mehr. Diese unterschiedlichen Arbeitszeiten bedingen unterschiedliche Rhythmen: Wie ein deutscher Manager sagte, »legen die Franzosen am Morgen langsam los, erreichen ihre Höchstleistung am späten Nachmittag, und ihre Ausdauer reicht bis zum späten Abend. Die Deutschen sind schon früh morgens leistungsfähig und bleiben bis zum Nachmittag auf dem Niveau; erst danach schwächt es ab«.

Der Arbeitsrhythmus der Erwachsenen reproduziert offensichtlich eine Gewohnheit, die in der frühen Kindheit wurzelt: zur Schule am Morgen, freie Zeit am Nachmittag. Umgekehrt akzeptieren die Franzosen leichter die längeren Arbeitstage, weil bereits seit ihrer frühen Kindheit das kollektive Leben nie vor 17 Uhr endet.»Hat das französische Gymnasium in Berlin französische oder deutsche Zeiten?«, fragte mein Mann argwöhnisch, als wir unsere älteste Tochter dort anmelden wollten.»Für mich waren die freien Nachmittage immer sehr wichtig, um alleine spielen zu können, meine Freunde zu treffen, um zu lesen, Musik zu machen, oder auch nichts machen zu dürfen.« (Ja, im französischen Gymnasium geht es nach deutschen Zeiten, aber mit einer Kantine wie in den französischen Schulen!).

Auch in Deutschland – wie überall – gibt es *Workaholics*, gibt es Berufe, deren Arbeit dem Gedanken Feierabend diametral entgegensteht. Dennoch bleibt kollektiv gesehen mehr private Zeit, die nicht vom Beruf in Beschlag genommen wird – und die das Individuum frei gestalten kann.

So ist es nicht immer gewesen: Zweifellos wurde früher mehr gearbeitet. In den Zeiten des Wiederaufbaus und des Wirtschaftswunders war die Freizeit kein so brennendes Thema! Es ist richtig, dass die Zunahme, aber vielleicht auch die bessere Verteilung der freien Zeit in der Gesellschaft ein relativ neuer Luxus sind. Sie stellen eine Folge der Wohlstandsgesellschaft, des Wohlfahrtsstaats und der Demokratisierung dar. Aber es ist charakteristisch, dass sich das allgemeine Bedürfnis nach einer weniger durch die Arbeit in Anspruch genommenen Existenz in Deutschland früher und stärker äußerte als in Frankreich.

Sicherlich haben neue, in Zusammenhang mit der New Economy entstandene Arbeitsformen (unabhängige Arbeit, Heimarbeit, flexible Arbeitszeiten, Abschaffung des Unterschieds zwischen Arbeits- und Privatraum usw.) die Bequemlichkeiten der Angestelltengesellschaft, in der alle um 17 Uhr nach Hause gehen, vielerorts in Frage gestellt. Wahrscheinlich ist jedoch die größere Individualisierung von Rhythmen durch diese Entwicklungen begünstigt.

## Vom guten Gebrauch der Freizeit

Und was machen all die Deutschen in dieser Zeit, die sie immer mehr zur Verfügung haben und die sie so eifersüchtig verteidigen? Diese freie Zeit ist für die Mehrheit zuallererst für das häusliche Miteinander da. Die Arbeitszeit folgt dem Rhythmus der Schulzeit, auch wenn diese Anpassung bei weitem nicht perfekt ist und das Vereinbaren von Schul- und Arbeitszeiten Familien Kopfzerbrechen bereitet. Erwachsene und Kinder verbringen viel Zeit zu Hause und in der Familie, wohingegen französische Eltern und Kinder mehr Zeit außerhalb der Familie mit Gleichaltrigen verbringen, mit ihren Kollegen oder Klassenkameraden. Das formt schon von Kind auf sehr unterschiedliche Persönlichkeiten. Meine Kinder und ich hatten große Schwierigkeiten, uns an die kurzen französischen Abende wieder zu gewöhnen. An Wochentagen bleibt kaum Zeit nach den Hausaufgaben, vor allem nicht, um die Freunde noch einmal zu treffen oder einen Spaziergang zu machen. Als ich die Kinder ins Bett brachte, hatte ich immer das Gefühl, ihnen nicht genug Zeit gewidmet zu haben.

Die freie Zeit ist auch die Zeit für das soziale Leben. Dass bis vor kurzem das Vereinswesen in Frankreich weniger entwickelt war (dies hat sich aber in letzten Jahren sehr geändert), lag vielleicht schlichtweg daran, dass die Menschen dafür kaum Zeit hatten.

Aber die freie Zeit ist darüber hinaus die Zeit der Hobbys. Sport zu treiben oder ein Instrument zu spielen, ist natürlich keine deutsche Besonderheit. In Frankreich kenne ich auch passionierte Kletterer, Amateurmusiker, Freundinnen, die um nichts in der Welt ihre Gymnastik am Dienstag ausfallen lassen. Aber die Betroffenen reden anders über ihre Hobbys. In Frankreich hat man ein Hobby, weil man es mag; oder weil es einem gut tut oder man darin Dinge findet, die einem im Arbeitsleben fehlen. In Deutschland sind Hobbys noch dazu ein wichtiger Aspekt der Selbstverwirklichung. Sie sind Bestandteil eines guten und ausgeglichenen

Lebens, in dem alle Aspekte der Persönlichkeit, alle Gaben kultiviert werden sollen. Sie fügen sich deutlicher in ein existentielles Projekt.

Das ist der Grund, warum das Fehlen von freier Zeit viel stärker im Vergleich zu Frankreich als Selbstentfremdung empfunden wird:»Zur Zeit arbeite ich zu viel«, sagt mir eine Freundin,»ich habe nur noch Zeit, eine einzige Sache *für mich* zu machen, ich nehme Zeichenunterricht.« Damit meint sie, dass sie diesem Hobby nicht nur zu ihrem Vergnügen, sondern auch zu ihrer inneren Bereicherung frönt. Anders gesagt, ergibt sich das Vergnügen erst aus dem Gefühl der inneren Bereicherung. Aber dieses eine Hobby genügt ihr nicht, ihr Bedürfnis nach Selbstverwirklichung zu erfüllen. Die wenige freie Zeit empfindet sie als Mangel. Es entspricht nicht ihrer Vorstellung eines erfüllten Lebens. In Frankreich rechtfertigt man seine Hobbys nicht existentiell. Und vor allem sind es die Menschen bislang wenig gewohnt gewesen, Zeit für sich zu haben, so dass ihre Erwartungen auf dem Gebiet viel bescheidener bleiben.

Deutschland ist demnach ein auserwähltes Land für *Amateure* aller Art: Musiker, Maler, Dichter. Die Menschen haben Zeit für eine Aktivität dieser Art und sehen sie als wichtig an, selbst wenn sie nicht berufsmäßig ausgeübt wird. Das Spielen eines Instrumentes ist traditionsgemäß verbreiteter als in Frankreich und hat alle Klassen mehr durchdrungen: Es ist weniger das Privileg einer kultivierten Bürgerschicht.[37] All diese Aktivitäten sind für das Vergnügen und die Entfaltung des Einzelnen wichtig, auch wenn die Ergebnisse manchmal einfach nur rührend sind. Wichtig ist der Spaß daran und dass es zur persönlichen Bereicherung beiträgt, obgleich es sich um einen Laien hohen Ranges handelt oder um einen Anfänger, um einen Erwachsenen oder ein Kind.

Die französische Kultur macht es dagegen Amateuren schwer. Was zählt, sind die Leistungen. Und es ist klar, dass die der Profis besser sind. Künstlerische Errungenschaften von Individuen wie du und ich werden weniger toleriert. Die Früchte der kreativen Individualität werden gern verspottet. Sonntagsmalerei geht als Wort noch – auch wenn es herablassend ist. Aber wie steht es mit einem Sonntagspoeten? Das ist schlichtweg lächerlich. Die gleiche Ironie gilt den ersten literarischen Versuchen. Entweder ist man ein anerkannter Dichter oder man ist es nicht, und dann behält man seine Versuche lieber für sich. Keiner wird in Gesellschaft zugeben, dass er seine Zeit einer Aktivität widmet, deren Ergebnisse unsicher sind. Wie man vom Status des geheimen Poeten zu dem eines anerkannten, von dem des Anfängers zu dem des Profis kommt, bleibt mysteriös. Ruhig mal versuchen, sagen dagegen die Deutschen: Nicht nur jeder hat das Recht, sondern auch die Pflicht, seine individuellen Talente zu pflegen, so bescheiden sie auch sein mögen.

Die Philosophie des deutschen Musikunterrichts – für Kinder ebenso wie für Erwachsene – scheint mir sehr charakteristisch für diese Anerkennung der Legitimität und Würde des Amateurstatus. Auf die spezifischen Erwartungen des Amateurs wird besser eingegangen. Im Land der Musiker meint man nicht, dass Musizieren mit Menschen, die weder Professionelle noch begnadete Amateure werden wollen, reine Zeitverschwendung sei. Mit mehr Erfolg als in Frankreich gibt man sich Mühe, aus der Lernphase nicht nur eine lange und unwürdige Vorbereitung auf ein besseres Morgen zu machen: In der Musikschule machen selbst die kleinsten Anfänger bei einer kleinen Vorführung mit. Vom ersten Augenblick an sollen die Kinder Vergnügen am Musizieren haben. Ohne weniger fordernd zu sein, ist die Musikpädagogik spielerischer und integrativer: keine Trennung zwischen Noten lesen und Instrument spielen. In Frankreich ist das Notenlesen die Voraussetzung, um mit dem Instrument anfangen zu können! Eine Basismusikschule, wie es sie in unserem Viertel in Berlin gibt, bietet ihren etwas fortgeschrittenen Schülern die Möglichkeit an, ein Solo innerhalb einer Gruppe der Schule zu spielen: Die

Beschreibung dieses Kurses präzisiert, dass es darum geht, Amateuren die Möglichkeit zu geben, »die Erfahrung des Solisten zu erleben«. Mit anderen Worten, die Erlebnisse und Bedürfnisse der Amateure werden, so wie sie sind, ernst genommen. Was zählt, ist nicht eine abstrakte Leistung, die zu erreichen wäre, sondern das, was das Individuum bereichert.

Das ist nicht vergleichbar mit der weniger freundlichen Art, die ich in einer städtischen Musikschule in Frankreich vorgefunden habe: »Du darfst das Stück spielen, wenn du die Tonleiter gut kannst«. Und als ich mich darüber wunderte und fragte, ob es nicht möglich sei, einen jungen Schüler mit einem kleinen Stück zu motivieren – selbst wenn die Tonleitern nicht perfekt waren – oder ihn vielleicht im Duo spielen zu lassen, bekam ich zu hören: »Aber Madame, da muss er durch.«

### An sich selbst arbeiten

Dieser Umgang mit der Zeit und mit sich selbst ist eine moderne und demokratische Version der antiken Muße. Es ist die für den freien Menschen verfügbare Zeit zu edlen, selbstgewählten Beschäftigungen, die es ihm erlauben, sich zu suchen und an sich zu bauen. In der deutschen Tradition ist diese Suche nach Zeit für sich mit dem Ideal der *Bildung* verbunden. Die Bildung ist ein nicht ins Französische zu übersetzender Schlüsselbegriff, den man im Allgemeinen mit *culture* übersetzt. Er bedeutet auch *Aufbau*. *Sich bilden* heißt, an sich zu bauen, sich zu erziehen. Wichtig an der *Bildung* ist ihr Prozesscharakter. Mit dem französischen Wort *culture* ist eher das Resultat (die Quantität der angehäuften *culture*) sowie ihre Funktion als gesellschaftliche Unterscheidung gemeint. Die deutsche Bildung ist der Prozess der Selbstentwicklung durch Beschäftigung mit Literatur und Kunst. Es dürfte nicht ganz falsch sein, Bildung mit *Kultur des Selbst* zu übersetzen.

Französische Äquivalente der beiden deutschen Ausdrücke *an sich selbst arbeiten* und *sich selbst finden* sind mir nicht geläufig. Im Französischen tauchen sie im Jargon der Psychotherapie auf. Im Deutschen gehören sie zur Alltagssprache, denn die individuelle Existenz will aufgebaut und erarbeitet werden. Dazu braucht man Zeit.

## Die Familie – Erwartungen und Ängste

Deutschland hat die niedrigste Geburtenrate Europas. Diese Rate ist in ganz Europa gering, d. h. unter zwei Kindern pro Frau, aber Deutschland schlägt mit 1,1 Kindern den Rekord. Die Geburtenrate ist in Frankreich mit 1,9 Kindern auch niedrig, wenn man sie mit der vom Beginn des 20. Jahrhunderts vergleicht. Aber sie ist eine der höchsten in den westlichen Ländern.

In Deutschland gibt es kaum Familien mit drei oder mehr Kindern. Auch in Frankreich entscheiden sich viele Paare dagegen, Kinder zu bekommen. Aber wenn sich ein Paar für Kinder entscheidet, sind es nicht selten drei oder gar mehr. Die Familie mit drei Kindern wird sogar als ideale Familie angesehen, auch von denen, die keine Kinder haben. In Deutschland hat die Idealfamilie zwei Kinder und nicht mehr, das nur, weil eines nicht allein sein soll.

Vergleichende Studien zeigen, dass »Kinder zu haben« in Frankreich gegenüber Deutschland stärker als ein Wert an sich angesehen wird. Die Entscheidung, keine Kinder haben zu wollen, wird in Deutschland eher akzeptiert als in Frankreich. Umgekehrt findet die Behauptung, »eine Frau braucht Kinder, um sich zu verwirklichen« doppelt so viel Zustimmung in Frankreich wie in Deutschland. Genauso bestätigen die befragten Franzosen viel stärker die

Idee, dass »es die Aufgabe von Eltern ist, alles für ihre Kinder zu tun«, wohingegen die befragten Deutschen (zumindest bei denen, die nach dem Krieg geboren wurden) sich zurückhaltender äußern. Auf den ersten Blick widersprechen diese Zahlen – und vor allem die zurückhaltende deutsche Reaktion auf die Aussage »Es ist die Aufgabe der Eltern, alles für ihre Kinder zu tun« – dem erzieherischen Perfektionismus, den ich in den vorangegangenen Kapiteln beschrieben habe. Diese Statistiken werden meistens so interpretiert, als wäre Deutschland eine individualistische, von hedonistischen und egoistischen Werten dominierte Gesellschaft. Dies würde erklären, warum die Generation, die jetzt in dem Alter ist, Kinder zu bekommen, sich dagegen entscheidet; Frankreich hingegen gilt noch als Gesellschaft von Familien.

### Lebensprojekt und Familienprojekt

Aber diese Interpretation greift zu kurz. Diese offensichtlich widersprüchlichen Gegebenheiten sind zwei Seiten ein und derselben Medaille. Wenn die jetzige Erwachsengeneration Kinder hat, ist sie sich selbst gegenüber äußerst anspruchsvoll. Sie nimmt ihre Pflichten den Kindern gegenüber sehr ernst. Was sie vor allem in den ersten Jahren den Kindern zu schulden meint, ist Zeit. So wird allzu verständlich, dass diese Generation, die sich selbst viel Privatzeit zugesteht, misstrauisch gegenüber dem Vorhaben ist, Kinder zu haben. Das Kinderprojekt konkurriert mit anderen existentiellen Vorhaben. Kinder zu haben, zwingt teilweise – oder eine Zeit lang – auf eine Lebensqualität zu verzichten, die nicht nur durch Komfort und Konsum, sondern – und vor allem – durch die Zeit und Energie, die man braucht, um sich zu verwirklichen, definiert wird. In Deutschland legt man für beide Gebiete die Messlatte sehr hoch, was die Verfügbarkeit für sich selbst und für die Kinder betrifft.

Der erzieherische Perfektionismus, der die Qualität der Erziehung über ihren privaten Charakter definiert (Eltern sollen viel Zeit mit ihren Kindern verbringen), erklärt zum Teil, warum größere Familien – und seien es nur Familien mit drei Kindern – so selten sind. Als ich in unserem Umkreis erzählte, dass ich unser drittes Kind erwartete, verblüfften, ja schockierten mich die Reaktionen. Ohne Umschweife fragten mich manche Leute, ob es *ein Unfall* war. In Frankreich verlangt zumindest die Konvention nach wie vor, die Ankunft eines Kindes als *glückliches Ereignis* zu begrüßen. Als ich erklärte, es sei kein Unfall, waren einige meiner Gesprächspartner perplex und schauten, als ob sie sagen wollten: »Genügen zwei nicht? Wisst ihr nicht, worauf Ihr euch da einlasst?« Als ob es nur Masochismus sein könnte, »das Ganze noch einmal durchzumachen«. Schuldig sollte ich nicht nur an meinem eigenen Unglück sein, schuldig auch meinen beiden Älteren gegenüber. Denn nun würde ich auf Quantität statt Qualität setzen. Kinderreiche Familien stehen in dem Verdacht, ihren Kindern die erwünschte individuelle Aufmerksamkeit nicht schenken zu können. Über zwei Kinder hinaus ist es für das kollektive Bewusstsein nicht vorstellbar, diese Aufmerksamkeit gemäß den implizit geltenden Qualitätskriterien geben zu können. Und schon gar nicht, wenn die Eltern allabendlich den deutschen Feierabend nicht heiligen.

Oft werden sowohl die niedrigen Geburtenraten als auch die geringe Proportion berufstätiger Frauen mit dem Fehlen von Betreuungsstrukturen für Kleinkinder erklärt. In der Tat macht dieser Mangel die Wahl zwischen Familie und Berufsleben noch dramatischer. Aber die Weigerung der deutschen Gesellschaft, sich mit Betreuungsstrukturen für kleine Kinder auszustatten, hat tiefere Gründe. Dahinter steckt nämlich ein Wertesystem, das die Erziehung im Schoße der Familie vorzieht. Betreuungsmöglichkeiten sind in Deutschland lückenhaft, nicht nur weil sich alle Regierungen vor den Kosten scheuen, sondern auch weil die hiesige Erziehungsideologie in den ersten Jahren verbietet, die Betreuung an eine Krippe oder eine Tagesmutter zu delegieren. Die Familie ist der Ort, wo das Kind die höchstmögliche individuelle Aufmerksamkeit bekommt.

Dass Frau sich zwischen persönlicher Verwirklichung (durch die Arbeit) oder Familienleben (die auch eine persönliche Verwirklichung sein kann, das will ich gar nicht bestreiten) entscheiden muss, ist nicht nur eine Frage der sozialen Strukturen, sondern auch eine Frage der Werte. Die einen bedingen die anderen und umgekehrt. Das familiäre und erzieherische Projekt wird so ernst genommen, dass man davor zurückschreckt. Es ist, als wären die Bedürfnisse der Kinder und die der Erwachsenen notwendigerweise widersprüchlich und jegliche Bemühung, sie unter einen Hut zu bringen, zum Schaden der Kinder. Das ist der Grund, warum man lieber auf Kinder verzichtet, wenn man nicht bereit ist, den Preis zu zahlen, und den gesellschaftlichen Druck, eine potentielle Rabenmutter zu sein, nicht aushält ...

Sich selbst schuldet man viel, den Kindern noch mehr! Sich entscheiden zu müssen, ist ein maßgeblicher Grund für die deutschen Vorbehalte gegenüber der Familie. Die Zahlen, die ich zu Anfang dieses Kapitels zitiert habe, sagen also nichts unmittelbar über das tatsächliche Verhältnis der Deutschen zu ihren Kindern aus, wenn sie denn welche haben. Vor allem bedeuten sie nicht, dass sich die deutsche Gesellschaft für das Schicksal ihrer Kinder generell nicht interessiert. Vielmehr zeigen die Umfragen Folgendes: Deutsche und Franzosen interpretieren die Fragen nicht auf die gleiche Art und Weise. Deutsche Männer und Frauen assoziieren etwas ganz anderes mit der Formulierung »alles für sein Kind tun«. Dieses »alles« bedeutet für sie so viel mehr, als es sich die Franzosen vorstellen können! Das deutsche Misstrauen gegenüber dem »Kinderkriegen« ist, wie dargelegt, das Ergebnis sehr hoher erzieherischer Ansprüche. Diese verbieten es, einen Teil der Betreuungsaufgaben an Dritte oder Institutionen, und sei es nur teilweise, zu delegieren. Kinder haben bedeutet in Deutschland in der Tat mehr Verzicht als in Frankreich, und das nicht nur in materieller Hinsicht. Individualismus ist bei dieser Entscheidung mit im Spiel. Er deckt sich aber nicht mit konsumtivem Egoismus. Der finanzielle Aspekt ist allerdings nicht sehr verlockend. In Deutschland gibt es nur einen Steuerfreibetrag und keinen Familienquotienten; Elternzeiten sind nicht auf die Rente anrechenbar ... Kinder haben ist demnach – kurz gesagt – für viele finanziell prekär.[39]

Beruf und Familie zu vereinbaren, ist für Alleinerziehende besonders mühsam. Das mag überall schwierig sein. In Deutschland aber können viele alleinerziehende Frauen keinen Beruf ausüben, sowohl wegen der fehlenden Betreuungsstrukturen als auch wegen des verinnerlichten sozialen Drucks, der es gebietet, sich am Anfang rund um die Uhr um das Kind zu kümmern. Sie sind in einer prekären Situation und schneller zur Sozialhilfe verdammt. Die Sprache spiegelt diese Schwierigkeit wider: Während man in Frankreich von *monoparentalen Familien* spricht, redet man in Deutschland von *Alleinerziehenden*. Die Sprache legt den Akzent auf die Eltern und ihre eigenen Schwierigkeiten, wobei sie es ablehnt, die Zelle, die dieser Elternteil mit den Kindern bildet, als richtige Familie zu bezeichnen.

Ich bestehe jedoch darauf, das dies nicht nur ein materielles und finanzielles Problem ist. Kinder zu haben bedeutet für die Eltern – speziell für die Mütter – im Vergleich zu Frankreich einen wesentlich größeren Einschnitt.

Es ist vorstellbar, dass Väter genauso gut wie Mütter erzieherische Aufgaben übernehmen und Hausmänner sein können. Dafür ist die Gesellschaft reif. Zwar teilen sich in Deutschland die Familien und die Gesellschaft weniger die Betreuungsaufgabe. Dafür gibt es aber wahrscheinlich etwas mehr Arbeitsteilung zwischen Männern und Frauen als in Frankreich, d. h. die Männer in Deutschland packen eher *weibliche Aufgaben* an. Hausmänner sind sicherlich eine kleine Minderheit, aber es gibt sie, und ich kann aus meinem Bekanntenkreis einige Väter aufzählen, die zumindest ihre Arbeitszeit reduziert haben, um sich ihren Kindern zu widmen und ihre Frauen zu entlasten. Es ist ein Paradox, aber in Frankreich hat die effizientere Aufgabenteilung zwischen Familien und Gesellschaft den Effekt gehabt, dass die Frauen Familie und Beruf zwar vereinbaren können, den Preis dafür aber alleine zahlen müssen. Die Männer fühlen sich hingegen weniger verpflichtet, sich an Hausarbeiten oder Erziehungsaufgaben zu beteiligen.[40] Es ist ungefähr zehn Jahre her, dass der *Zeit*-Mitarbeiter Rüdiger Dilloo diese Wahl getroffen hatte und jede Woche eine Chronik seines Lebens als Hausmann schrieb. In Frankreich stellt sich die Frage nicht, wer zu Hause bleibt, sondern wie sich Frau und Staat arrangieren ...

In Deutschland arbeiten ca. 40 % der Frauen, in Frankreich sind es ca. 80 %.[41] In meinem Bekanntenkreis in Deutschland kenne ich viele Frauen, die ein brillantes Studium hinter sich haben und eine nicht weniger brillante Karriere begonnen haben. Dennoch geben sie ihren Beruf mit dem Wissen auf, dass die Unterbrechung sehr lang sein wird (bis zu drei Jahren – und sogar mehr, wenn man so verrückt ist, ein zweites Kind in die Welt zu setzen, ganz zu schweigen von einem dritten). Auch der Wiederanfang wird sich so schwierig gestalten (wahrscheinlich Teilzeit, weil die Zeiten im Kindergarten und selbst die Schulzeiten nichts anderes erlauben, solange die Kinder nicht ein Mindestmaß an Autonomie erreicht haben), dass es unmöglich ist, eine *normale* Karriere anzustreben. Eine Freundin sagte mir deutlich, sie habe sich am Anfang zwei Kinder gewünscht, es aber dann bei einem bewenden lassen: Den Gedanken, alles ein zweites Mal aufgeben zu müssen, ertrug sie nicht. Die Ankunft eines Kindes ist im Leben der Eltern demnach eine kleine Katastrophe. Und alles läuft so ab, als habe die Gesamtgesellschaft die kleine Katastrophe verinnerlicht.

Im Gegensatz dazu möchte man fast sagen, dass die Franzosen ein leichtes Spiel haben, mehr Kinder in die Welt zu setzen und bei Umfragen zu antworten, »Kinder zu haben sei super« ... Einerseits erleichtern kollektive Einrichtungen das Leben. Andererseits sagt keiner, eine frühe Sozialisierung schade dem Kind.[42] In Frankreich stellen Kinder die Erwachsenenwelt weniger auf den Kopf. Kinder zu haben bedeutet weniger Verzicht – weder auf ein Gehalt, noch auf Kontakte, soziale Anerkennung und berufliches Fortkommen. Dies dürfte erklären, warum die französische Gesellschaft gegenüber dem Projekt *Familie* etwas bewahrt hat, was aus deutscher Sicht ganz nach fideler Unbekümmertheit aussieht.

### Idealisierung der Familie

Die gegenwärtige deutsche Kultur misstraut also dem Ziel, Kinder zu haben, weil sie an die Familie sehr hohe Ansprüche stellt. Sowohl das allgemein populärwissenschaftliche Verständnis in der Psychologie wie auch der politische Diskurs idealisieren die Familie als – abgesehen von Notfällen – den einzig denkbaren Ort für die ersten Jahre. Später ist die Familie vielleicht nicht mehr der einzige Ort der Erziehung. Aber auch im Schulalter behält sie ihre privilegierte Rolle. Sie bleibt der natürliche Rahmen der individuellen Entwicklung, d. h. ein stärkender und heilender Kokon, weshalb man das Kind nicht zu weit von ihr entfernen sollte.

Es ist überflüssig zu sagen, dass diese Familie, aus der man ein erzieherisches und soziales Wundermittel macht – und die übrigens unter dem expliziten Schutz des Grundgesetztes steht[43] – immer weniger den realen Familien entspricht, die, genauso wie in Frankreich, immer mehr monoparental oder neu zusammengesetzt sind.[44] Die deutsche Gesetzgebung, die die Definition von Familie viel enger mit der der Ehe in Verbindung bringt, hat

Schwierigkeiten, neue Formen von Familie anzuerkennen. Die Familie, der man so viele Tugenden zuschreibt und von der man träumt, ist schon längst nicht mehr die Norm – statistisch zumindest. Sie ist eine Idealisierung dessen, was eine Familie sein soll. Medien und Politik äußern sich in Deutschland sehr moralisierend über die Familie.[45] Die Botschaft lautet: Die Familie wird ihrer Verantwortung nicht mehr gerecht. Die Eltern delegieren erzieherische Aufgaben an die Schule, die eigentlich sie erfüllen müssten. Öfters – vor, aber vor allem nach PISA – habe ich gelesen, Familien, die die Ganztagsschule fordern, würden nur ihre Kinder loswerden und sie dem Staat überlassen wollen, als sei die Ganztagsschule nur ein egoistischer Komfort für die Eltern. Dieser schuldzuweisende Diskurs macht das vermeintliche Versagen der Eltern für alles Übel verantwortlich – vom Schulversagen bis zur Delinquenz.

Auch in Frankreich macht man sich Gedanken über die Veränderungen der Familie. Auch dort stellt sich die Frage nach den psychosozialen Folgen dieser Entwicklungen. Weder die Medien noch die öffentliche Hand würden es jedoch wagen, zum einen mit solchen moralischen Untertönen von den Eltern bzw. Müttern zu verlangen, dass sie sich mehr um ihre Kinder kümmern sollten, zum anderen ihr Karrierestreben als egoistisch anzuprangern. Auch würde niemand voluntaristisch für die Rückkehr zur Kleinfamilie plädieren.

Deutsche Eltern misstrauen öffentlichen Institutionen – wohingegen in Frankreich alles von ihnen erwartet wird. Dieser letzte Punkt ist das, was die Westdeutschen den Ostdeutschen unterstellt haben: ihre Kinder abgegeben zu haben, indem sie sie in ihre schrecklich kollektivistischen Kindergärten, autoritären Schulen und Jugendbewegungen schickten, wo die Kinder gedrillt, aber nicht erzogen wurden. Im Rahmen von Fortbildungen habe ich oft mit Frauen aus dem Osten gesprochen, die alle sagten: »Wir haben nicht gedacht, etwas Schlechtes zu tun, als wir unsere Kinder in den Kindergarten gaben oder sie zu den Pionieren schickten. Und jetzt wird uns unterstellt, wir seien *Rabenmütter* gewesen.«

Wenn alles (von den schlechten Noten bis zur Jugendkriminalität) schlecht läuft, beschuldigt die deutsche Öffentlichkeit lieber die Familie, die französische die Schule. Das eine Land sucht die Ursache der Missstände vor allem im Privaten, das andere im Öffentlichen ...

## Frauen in der Gesellschaft

Mit meiner französischen Lebenserfahrung habe ich mich lange darüber gewundert (und tue es immer noch, auch wenn ich die verschiedenen Facetten des Problems inzwischen besser verstehe), dass dieses zugleich institutionelle und ideologische Problem (Teile der Erziehungsaufgaben an die öffentliche Hand zu delegieren) nicht früher Stoff für eine politische Debatte gegeben hat. Es wird keinen wundern, wenn eine Partei wie die CDU dort keinen gesellschaftspolitischen Handlungsbedarf gesehen hat. Doch auch die SPD, die FDP und die Grünen wollten sich lange Zeit der Dringlichkeit des Problems nicht bewusst werden. Das ist schon erstaunlicher. Sogar die Feministinnen in Deutschland haben sich nie ernsthaft dafür interessiert.

Aus heutiger französischer Sicht ist es eine feministische Selbstverständlichkeit, dass kollektive Betreuungsmöglichkeiten eine notwendige Voraussetzung für die Gleichstellung der Geschlechter sind. In diesem Zusammenhang lohnt ein Vergleich der Gesellschaften, die die Betreuung stärker an die öffentliche Hand delegieren – wie z. B. Frankreich, die ehemaligen sozialistischen Staaten, aber auch die skandinavischen Länder – mit denen, die sie ungern an die öffentliche Hand delegieren – wie etwa Deutschland, aber auch die USA.

Es spricht für sich selbst, dass das wiedervereinigte Deutschland die pädagogische Ausrichtung der ostdeutschen Kindergärten ablehnte. Dass es sich aber keine Sekunde lang herabließ anzuerkennen, dass das ostdeutsche Betreuungssystem mit anderer, liberalerer Pädagogik das Leben sowohl der Kinder als auch der Eltern erleichtert hätte, ist in meinen Augen eine verpasste Chance.

Offenbar sahen es die deutschen Feministinnen nicht so. Ihre Diskussionen und Forderungen liefen in zwei sich einander ausschließende Richtungen. Zum einen wurde der Akzent auf die persönliche Verwirklichung durch Arbeit und auf das Recht von Frauen auf Karriere gesetzt; mit anderen Worten, auf das Recht, sich von den drei K (Kinder, Küche, Kirche) zu befreien. Unter den speziellen Bedingungen der deutschen Gesellschaft schließt eine Familiengründung Karriere sehr schnell aus. Daher der Streik der Bäuche. Das Buch von Elisabeth Dessai mit dem provokanten Titel *Ein Kind? Höchstens eins!* machte mich nachdenklich. Die Autorin kritisiert die Mütterlichkeit als eine existentielle Falle für die Frauen: Sie leisten ohne Entgelt einen Dienst an der Gesellschaft, werden aber dadurch gehindert, sich persönlich zu verwirklichen. Stattdessen sollten sie es ablehnen, gratis für die kommenden Generationen zu sorgen. Daher höchstens ein Kind. Die Autorin denunziert die Idealisierung der Familie als eine konservative Mystifikation, die Frauen über erbrachte Opfer hinwegtrösten soll. Ob dieses Buch großen Einfluss gehabt hat, kann ich nicht ermessen. Es ist auf jeden Fall repräsentativ für eine gewisse – auch feministische – Einstellung zur Familie. Die Autorin formuliert auf radikale Art, was die ganze Gesellschaft insgeheim denkt.

Genau dies hatte schon Simone de Beauvoir (1908 – 1976) in *Das andere Geschlecht* (1951) gesagt: Die Frau soll lieber arbeiten und für sich sorgen, als sich durch die Mutterschaft ausbeuten zu lassen. Dieser Diskurs ist aber im derzeitigen Frankreich undenkbar, vielleicht paradoxerweise, weil er von Simone de Beauvoir schon sehr früh geführt worden ist und die Frauen darauf reagieren konnten. Vielleicht aber auch, weil dieser Diskurs auf soziale Einrichtungen traf, die den Frauen die Kombination von Kindern und Karriere erlaubt haben. Die eigentliche Tradition des französischen Feminismus besteht immerzu auf der Emanzipation von Frauen durch Arbeit. Dieser Aspekt der Botschaft Beauvoirs ist angekommen. Er ist von der Gesellschaft umgesetzt worden: Die meisten französischen Frauen arbeiten. Im Gegenzug scheint die andere Komponente der Botschaft – die Ablehnung der Familie –, nicht befolgt worden zu sein. Da Berufstätige auch Mütter sein wollen und von der Möglichkeit, ihre Kinder betreuen zu lassen, Gebrauch machen. Der Gerechtigkeit halber muss gesagt werden, dass die *École maternelle* und die Krippen ursprünglich keine feministische Forderung gewesen sind – genauso wenig wie in Deutschland. Sie gehen auf die Sozialpolitik der Nachkriegsregierungen zurück. Die Betreuungseinrichtungen sind ursprünglich für die soziale Gerechtigkeit und nicht für die Emanzipation der Frauen konzipiert worden. Aber heute ist allen bewusst, dass sie maßgeblich zur Integration der Frauen in die Arbeitswelt beigetragen haben.

Diese Zustände erklären, warum in Frankreich Erziehungsideologien, die diese Entwicklung in Frage stellen, wenig Chancen haben. Es wäre undenkbar, von Frauen zu verlangen, ihre Arbeit wegen den Kindern aufzugeben, um sich ausschließlich den Kindern zu widmen. Jeglicher Versuch, Elternaufgaben gegenüber der Berufstätigkeit aufzuwerten und die Mutterrolle heilig zu sprechen, erscheint sehr schnell reaktionär.

Aus französischer Sicht wirkt deshalb der gegenläufige Diskurs der neuen Mütterlichkeit, der sich in Deutschland auch als feministisch präsentiert, recht seltsam: Mutterschaft im Besonderen, sowie Elternschaft generell seien leidenschaftlich erhebende Erfahrungen. Mutterschaft und das Leben mit Kindern seien fun-

damentale und einzigartige Erfahrungen, die aufgewertet werden
müssten, damit ihre Bedeutung für die Gesellschaft anerkannt
wird. Sie könnten auch eine Form der Selbstverwirklichung sein.
Das Familienprojekt könnte die gleiche Bedeutung haben wie
irgendein anderes existentielles Projekt. Hier ist schon ein Punkt,
an dem sich die neue Mütterlichkeit vom konservativen Diskurs
unterscheidet: Sie würde gerne die erzieherische Leistung der
Familie von der Gesellschaft anerkannt wissen.

Diese Wiederentdeckung der Mutterschaft führt schnell zu
einer Kritik an den Lebensbedingungen in der Industriegesell-
schaft: an der Erwerbsarbeit mit festen Arbeitszeiten und der
Trennung zwischen Arbeitswelt und privater Welt. All das raubt
den erzieherischen Aufgaben Ihren Sinn.

In Frankreich wittert man immer noch in der Aufwertung der
Mutterschaft eine ideologische Manipulation.[47] Ein sehr fest ver-
ankerter feministischer Reflex verbietet es, Mutterschaft oder
Elternschaft als Erfüllung zu präsentieren, derentwegen man auf
den ganzen Rest verzichten könnte. »Diese Geschichte mit dem
langen Stillen ist wirklich nur dazu da, Frauen das Leben zu ru-
inieren«, sagt mir eine französische Freundin mit einer Härte, in
der ihr ganzer (französischer) Feminismus steckt.

Ich habe manchmal versucht, meinen Gesprächspartnern zu
zeigen, wieviel vorteilhafter die Situation der Frauen in Frankreich ist. Wenn ich die französischen Verhältnisse beschreibe,
erhalte ich einmütig die Antwort, das Ganze diene nur der
Bequemlichkeit der Mütter, sei aber keineswegs im Interesse der
Kinder. Man bekäme auch keine Kinder, um sie so schnell los zu
werden, was genau darauf hinausliefe, den Wert der elterlichen
Funktion zu verneinen. Außerdem habe diese Erfahrung einen
Wert an sich, ebenso wie der Beruf. Es sei eine edle Aufgabe, sich
um Kinder zu kümmern – die allerdings von der Gesellschaft besser anerkannt werden sollte usw. Wenn ich weiter darauf bestehe,
dass in der jetzigen Gesellschaft, dies notwendigerweise dazu

führe, dass die Frauen etwas opfern, wenn sie eine Familie haben wollen, antwortet man mir, dies sei kein Grund, um die Interessen der Kinder zu opfern. Die Lösung läge viel mehr in Vorrichtungen, die die Eltern von beruflichen Aufgaben befreien, damit sie sich den erzieherischen Aufgaben widmen können. Die Arbeit sei kein Zweck an sich ...

Analog ziehen Familienpolitiker es bislang viel eher in Betracht, Eltern bzw. Frauen von der Berufsarbeit zugunsten der Erziehung zu befreien, als ihnen beides zu ermöglichen.

Ich kann mich aber des Eindrucks nicht erwehren, dass die Mustereltern – mit der stets verfügbaren Mama, am besten noch mit dem Papa ab 17 Uhr – es als Opfer und Verzicht erleben und sich dieser Triebstau dann periodisch an dem wehrlosen, weil wenig sozialisiertem Kind entlädt. Eine Familie zu haben, bedeutet in Deutschland noch mehr als irgendwo sonst im Westen einen Verzicht auf die Verlockungen der Individualgesellschaft.

Diese zwei Tendenzen – das Karrierestreben ohne Kinder und die neue Mütterlichkeit – sind wahrscheinlich dazu verdammt, sich nie zu begegnen. Sie sind aber auch beide Ausdruck eines sehr modernen Anliegens: das Individuum, sei es das Selbst oder das Kind, ins Zentrum zu stellen. Der Wunsch nach Selbstverwirklichung und der Wunsch nach einer ganz individuellen Auseinandersetzung mit dem Kinde können sich unter den derzeitigen Bedingungen der deutschen Gesellschaft nicht vereinen. Es ist aber nicht richtig, die deutschen Verhältnisse nur als reaktionär oder traditionalistisch abzutun.[48]

Diesen Wunsch nach Individualisierung in der Erziehung gibt es in Frankreich ebenfalls, aber nur im geringeren Maße. Umgekehrt ist in Deutschland der doppelte Imperativ Familie und Beruf weniger zwingend als in Frankreich. Hat man Kinder, verzichtet man leichter auf den Beruf und umgekehrt.

## Privatsphäre

Die Deutschen seien verschlossen und verbarrikadieren ihren Privatbereich gegen die Intrusionen der Außenwelt. Das ist ein altes Stereotyp. Dem kann ich ganz und gar nicht zustimmen.[49] Meiner Erfahrung nach tun sie dies sogar weniger als die Franzosen.[50] Eher scheint mir zutreffend, dass die Deutschen einen Sinn für das Private hätten, was nicht unbedingt bedeutet, dass sie sich gegen äußeres Eindringen ständig wehren wollten.[51] Was den Raum anbelangt – anders als bei der Zeit –, so würde ich sagen, dass die Wertung des Privaten sich nicht durch eine Trennung zwischen Privatem und Öffentlichem manifestiert. Vielmehr bietet die Privatsphäre im Vergleich zu Frankreich ein Modell für die öffentliche Sphäre.

### Privatsphäre als Modell für die Öffentlichkeit

Der gute Raum, wo das Individuum sich wohlfühlt, ist der private Raum. Der ist wirklich *gemütlich*. Für dieses Wort gibt es keine französische Übersetzung, kein Wort, das diese genaue Mischung aus Wohlgefühl und Intimität bezeichnet. In Deutschland, wie auch in anderen nordeuropäischen Ländern sehen Interieure in der Tat anders aus, und dies vielleicht, weil jeder einzelne viel mehr Zeit bei sich zu Hause verbringt als in Frankreich oder in südlichen Ländern. Selbst wenn das deutsche Interieur weniger als das holländische dem Außenblick ausgesetzt ist, so folgt es doch einem ähnlichen Stil: mehr Grünpflanzen, Handwerksobjekte, Ziergegenstände auf den Fensterbänken und Mobiles sowie in der Weihnachtszeit Sterne und andere Strohbastelarbeiten am Fenster; Weidenzweige, deren Knospen sich zu Ostern öffnen und mit Eiern behangen werden. Ohne über genaue Statistiken zu verfügen, wage ich zu sagen, dass die Deutschen mehr Kerzen abbrennen als die Franzosen. Die Kerze fehlt auf keinem Restauranttisch (worüber sich ein Besucher aus Frankreich neulich lustig machte – inzwischen fällt mir die Kerze nicht mehr auf!). All diese Dekorationselemente sind Attribute der Intimität. Sie sind die Patina, mit der das Individuum seinen Wohnort überzieht, um diesen Ort *wohnlich* (auch ein nicht übersetzbares Wort) zu machen.

Ebenso fiel mir auf, dass die Illustrationen deutscher Kinderbücher die Häuslichkeit und Alltäglichkeit auf eine Art und Weise feiern, die in französischen Kinderbüchern ihresgleichen sucht: richtig niedliche Kinderzimmer, häusliche Szenen nach der Schule mit einer Tasse heißer Schokolade, im Hintergrund eine Katze, die auf dem Kissen schläft. Selbst ein IKEA-Katalog gibt diese Konzeption des häuslichen Raumes gut wieder (So versuche ich manchmal französischen Gesprächspartnern die Sache zu vermitteln). IKEA ist zwar schwedischen Ursprungs, die Konzeption des häuslichen Raumes ist aber die gleiche: Es ist der Ort, wo das Individuum Schutz gegen schlechtes Wetter findet, aber auch gegen die Wechselfälle des Lebens – gegen die Witterungen des Schul- oder Berufslebens. Das Haus ist für jeden Menschen der eigene natürliche Ort. Der Ort, wo es ihm nur besser gehen kann als draußen. Es ist der Ort, an dem er auftankt. Es ist auch der Ort der Geselligkeit. Wohingegen sich diese in südeuropäischen Ländern zu einem Großteil an öffentlichen Orten wie Cafés oder Restaurants abspielt oder wie schon erwähnt, am Arbeitsort.

### Individuelle Aneignung des öffentlichen Raums

*Gemütlich* ist in erster Linie der individualisierte – oder besser, der personalisierte – Raum. Auch öffentliche Orte, ein Restaurant, ein Café oder sogar ein Arbeitsplatz können *gemütlich* sein. *Gemütlich* bezeichnet genau die Qualitäten, die aus dem privaten Bereich mit in den öffentlichen gebracht werden. Damit hören öffentliche Orte auf, anonym zu sein.

Als ich eines Tages im Büro einer französischen Verlegerin saß, fiel mir auf, dass dieses Büro nicht deutsch sein könnte. Der Grund dafür waren nicht so sehr die große Unordnung, die Bücher- und Aktenstapel, sondern vielmehr das Fehlen persönlicher Noten und Kennzeichen von Intimität: kein Foto, keinerlei Dekoration, nichts, was dieses Büro zu einem persönlichen Ort hätte machen können. In Deutschland hätte sich dessen Hüterin so wie zu Hause eingerichtet. Neulich bemerkten französische Kollegen, die bei uns in der Uni zu Besuch waren, die nette Atmosphäre in den mit Grünpflanzen reichlich geschmückten Büros.

In Frankreich wird man eventuell Büroräume zum Zweck der Repräsentation gestalten (was aber an einer Uni nie vorkommt). Aber eine Einrichtung, die zu viel Intimität ausstrahlt, würde man als merkwürdig empfinden. Meine eigene Bürohälfte unterscheidet sich nicht von dem französischen Büro, das ich eben beschrieben habe. Meine Kollegin dagegen hat Grünpflanzen. Sie schmückt ihren Tisch immer mit jahreszeitlicher Dekoration: Tannenzweige mit rotem Band und Kerze vor Weihnachten, ein paar wunderschön verzierte Ostereier in einem kleinen Korb zu Ostern (meine Kollegin stammt aus Rumänien und ist in der Kunst, Ostereier zu färben und zu dekorieren, eine wahre Meisterin). Manchmal sind es sogar die Studenten, die den Tannenzweig im Advent mit in den Seminarraum bringen ... Das ist *eine kleine Aufmerksamkeit*, eine Geste, mit der ein anonymer Ort gastlich gemacht werden soll. Es ist einfach gemütlich. Am Anfang fand ich diese Aufmerksamkeiten kitschig und deplatziert. In Frankreich würden sie unweigerlich nicht nur als Sentimentalität interpretiert werden, sondern eventuell sogar als Mangel an Seriosität, als Eindringen des Privaten in einen Ort, an dem es nichts zu suchen hat. Ich habe mich aber daran gewöhnt und finde es größtenteils ganz angenehm. Diese kleinen Gesten besitzen in der Tat die Tugend, den Ort weniger anonym und dadurch respektabler zu gestalten (Schließlich degradiert man Orte, die man sich angeeignet hat, nicht so schnell). Aber jedes Mal stelle ich auch fest, dass ich selbst nicht daran denke, dieses Zubehör der Intimität in mein Büro mitzunehmen. Mir fehlt diese Fähigkeit, einen Ort, der nicht meine Wohnung ist, mit dieser Patina auszustatten, die ihn *gemütlich* macht.

Genauso bemüht man sich, Orte, an denen Kinder betreut werden, d. h. Kindergarten, Hort oder in geringerem Maße die Schule – häuslich zu gestalten. Diese öffentlichen Orte erscheinen französischen Augen sehr häuslich. Sogar in der Schule gibt es immer etwas zu trinken – zumindest Mineralwasser, das auf einem Tisch in einer Ecke steht. Jeder kann trinken, wenn er Durst hat, z. B. zwischen zwei Matheaufgaben – ganz wie zu Hause.

Dieses Bestreben, öffentliche Orte mit dem Kennzeichen privater Intimität auszustatten, hat mit der gleichen Angst zu tun wie die Weigerung, das Kind seiner familiären Umgebung zu früh zu entziehen. Der gute Ort ist eindeutig der private, dem der öffentliche nachzuahmen ist. Nur der häusliche Ort erlaubt eine harmonische Entwicklung, weil Kinder von ihren Eltern besser verstanden und behandelt würden als von den Vertretern einer Institution. Nicht bei sich zu Hause zu sein, wird im Vergleich zu Frankreich viel mehr als Probe oder Gefahr gesehen.

Die Wertigkeit des privaten Raumes gegenüber dem öffentlichen bedeutet aber nicht notwendigerweise, dass man sich in seine Privatsphäre zurückzöge und es keine Öffentlichkeit gäbe. Nur ist das Privat-Häusliche in Deutschland eindeutiger das Modell. Der öffentliche Raum soll angenehm für das Individuum sein, es beherbergen. Damit soll er seinen Nutzer mit Respekt integrieren und ihn nicht schädigen, ganz so wie der private Raum.

Vielleicht ist diese Aufwertung des privaten Raumes typisch für den zeitgenössischen Individualismus. In Deutschland hat diese Aufwertung aber darüber hinaus eine politische Bedeutung. Sie könnte als eine Reaktion gegen die Bemühungen des NS-Staates oder der DDR interpretiert werden, sich in die private und häusliche Sphäre einzumischen. Der private Raum wäre in dem Fall ein Sinnbild des individuellen Gewissens, das sich im öffentlichen Raum behaupten soll – und nicht umgekehrt. So kann man die Kontinuität zwischen privaten und öffentlichen Räumen durchaus als ein Symbol für die Kontinuität zwischen privater und öffentlicher Moral sehen.

## Körper und Seele

### Wer hat Angst vor der Schulmedizin?

Leidenschaftlicher als in Frankreich und auch schon seit längerer Zeit interessiert sich in Deutschland eine breite Öffentlichkeit für Körper- und Seelentechniken, die ein besseres Gleichgewicht versprechen: Akupunktur, Homöopathie, Yoga, Bachblüten, Aromatherapie, Atemtherapie usw.

In Frankreich ist das Vertrauen in die Macht der modernen Medizin und ihrer technischen Leistungen noch relativ ungebrochen. Dort wird die *Schulmedizin* gar nicht verachtet (das Wort gibt es gar nicht!). Dafür spricht man argwöhnisch und verächtlich von den *médecines parallèles* (Parallelmedizinen), die dort nicht alternativ sein dürfen. Sie werden von der institutionalisierten Medizin als irrational und unwissenschaftlich betrachtet. Auch der breiteren Öffentlichkeit erscheinen sie nicht als legitime Alternativen. Der Reflex, einen Naturheilpraktiker oder

Homöopathen aufzusuchen, ist bei weitem nicht so verbreitet wie in Deutschland. Die Patienten erwarten im Gegenteil von ihren Ärzten, dass sie ihr ganzes technisches Können zeigen. Dadurch wird in Frankreich Vertrauen geschaffen.

In Deutschland ist im Gegenteil eine technisierte Medizin verdächtig, die nur mit Apparaten und Medikamenten allzu schnell bei der Hand ist. So denkt nicht nur die radikale alternative Minderheit von einst, sondern eine immer breitere Öffentlichkeit, sowie auch Ärzte und Institutionen, Krankenhäuser und Kliniken, die bemüht sind, dieser allgemeinen Nachfrage entgegenzukommen. Die Alternativheilungen sind demnach gar nicht mehr so alternativ.

### Vom Umgang mit sich selbst

Außerdem scheint mir der Umgang mit der eigenen Gesundheit in Deutschland viel individualisierter zu sein. Oft ist es ein Lebensprojekt für sich: Das Individuum möchte sein körperliches und seelisches Gleichgewicht selbst in die Hand nehmen. Es erwartet von verschiedenen Körper- und Seelentechniken, besser mit sich und seinen natürlichen Rhythmen in Einklang zu leben, ohne sich mit chemischen Mitteln zuschütten zu müssen.

Essgewohnheiten sind ein gutes Beispiel für diese Suche nach einer Lebensdisziplin. In Frankreich werden Diäten noch immer hauptsächlich wegen des Abnehmens gemacht. In Deutschland hingegen hat eine Diät – sei sie vegetarisch, veganisch, makrobiotisch, roh usw. – oft die Dimension einer Lebensdisziplin. Es ist eine sehr individuelle und überlegte Entscheidung. Dagegen werden Essentscheidungen in Frankreich weniger philosophisch begründet. Sie gehorchen eher einer kollektiven Norm, sei es einer kulinarischen Mode oder den familiären Traditionen.

Deutsche Mediziner verschreiben deutlich weniger Medikamente als französische. Die Patienten fragen auch nicht nach mehr. Hier gibt es einen Konsens, der im Gegensatz zum zügellosen Medikamentenkonsum der Franzosen steht (die darin einen beeindruckenden europäischen Rekord halten). Mit dem Verschreiben von Antibiotika ist man in Deutschland vorsichtiger als in Frankreich (viel vorsichtiger auch als im Deutschland der 1970er oder 1980er Jahre). Bei einer Bronchitis oder Ohrenentzündung verschreiben deutsche Ärzte einfache Mittel und behalten sich vor, ein Antibiotikum nur zu verschreiben, *wenn es wirklich sein muss* – wenn sie nicht sogar prinzipiell dagegen sind ... Meine Lieblingsapotheke in Kreuzberg wurde von einem Frauenkollektiv geführt. Als ich eines Tages unschuldig nach einem Balsam für das Zahnfleisch meines Babys fragte, antwortete mir die Apothekerin vorwurfsvoll:»Aber diese Produkte enthalten Sedative. Wollen Sie es nicht mit Iriswurzel versuchen?« Ich habe die Schließung dieser Apotheke sehr bedauert. Man bekam zwar die Medizin, die auf dem Rezept stand, wurde aber gleichzeitig immer freundlich über Alternativen informiert. In Frankreich gibt es zwar Naturheilpraktiker und Heilpflanzengeschäfte. Jedoch würde in einer Apotheke niemand auf die Idee kommen, die Kunden in diese Richtung zu beraten.

In Frankreich werden oft Mandel- oder Blinddarmoperationen bei Kindern präventiv durchgeführt (»Eine gute Sache, dann kann nichts mehr passieren!«). Langsam nimmt man von solchen systematischen Operationen Abstand. In Deutschland operiert man dagegen seit langem nur in Härtefällen.

Schließlich scheint mir, selbst wenn ich das nicht mit Zahlen belegen kann, dass französische Ärzte, wenn sie auf die Patienten hören, mehr Medikamente verschreiben. Dagegen schreiben Deutsche lieber krank.[52] In Frankreich lässt man sich Antibiotika und Schmerzmittel verschreiben,»um zur Arbeit gehen zu können«. In Deutschland zieht der Arzt es vor, im Einverständnis mit dem Patienten und mit einem allgemeineren Gesellschaftskonsens ihn oder sie nach Hause zu schicken. Ein paar Tage zu

Hause ohne Stress und in der häuslichen *Gemütlichkeit* sollen besser heilen als Medikamente. Hier sei noch einmal auf die gesundheitsfördernde Wirkung des privaten Raumes hingewiesen. Auf einem Plakat in der Berliner U-Bahn las ich auch einmal:»Freizeit ist die beste Medizin«.

Übrigens verleiht das Krankgeschriebensein eine gewisse Autorität, fast Prestige. Mir scheint, dass man sich in Deutschland nicht so schnell verdächtig macht (auch sich selbst gegenüber), wenn man sich krankschreiben lässt.

Zudem kümmert sich die deutsche Medizin mehr um das gute Zusammenspiel von Seele und Körper. Alle Allgemeinmediziner dürfen wohl sagen, dass sie auch ein wenig Psychotherapeuten sind. In Deutschland sind sie es oft wirklich.

### Angst vor kollektiven Maßnahmen

In Deutschland werden Kinderimpfungen empfohlen, sind aber nicht obligatorisch. Wenn ich erzähle, dass sie in Frankreich obligatorisch sind und man das Impfbuch für die Anmeldung zur *École maternelle* vorzeigen muss, dann sind meine Gesprächspartnerinnen manchmal schockiert: Sie sehen darin eine autoritäre Einmischung der öffentlichen Hand in die Privatsphäre. Manchmal sagen sie auch, es erinnere sie an die medizinische Versorgung in der ehemaligen DDR, oder gar an die Einmischung der Nazi-Diktatur in die Gesundheitsentscheidungen von Individuen. Dabei gilt ihre eigentliche Kritik der sozialistischen Medizin (wie sie auch dem sozialistischen Kindergarten und der sozialistischen Schule gilt): Die DDR-Medizin soll kollektiv pauschale Maßnahmen ergriffen haben.»Es war immer eine Impfung-Röntgen-Antibiotika-Behandlung für den Fall der Fälle«, erzählt mir verächtlich und entsetzt meine Nachbarin, die Krankenschwester ist. Es war eine geradezu präventive Medizin, die wenig Rücksicht auf Nebenwirkungen nahm und sich wenig um das psychische Wohlbefinden der Patienten kümmerte. Ähnlich würden deutsche Patienten auf die französische Medizin reagieren, die sie wahrscheinlich übertrieben prophylaktisch und als ungenügend auf das Individuum abgestimmt einschätzen würden. Es braucht gar nicht erwähnt zu werden, dass es in Frankreich keine Anti-Impfbewegung gibt. Eltern, die ihre Kinder mit dem Argument nicht impfen lassen, diese Prophylaxe stünde nicht im Verhältnis zur Gefahr, und Masern oder gar Keuchhusten durchzumachen sei besser als geimpft zu werden (solche Eltern kenne ich in Deutschland), wird es in Frankreich wohl kaum geben. Interessanterweise ist dies ein Grund, warum die (raren!) französischen Waldorfschulen angezeigt wurden: Die Kinder waren nicht geimpft. Diese Elternentscheidung – in Übereinstimmung mit den Regeln der Homöopathie und der Waldorf-Medizin – wurde von der öffentlichen Hand, d. h. von den Schulärzten, als Vernachlässigung interpretiert. Den Eltern wurde vorgeworfen, ihren Pflichten nicht nachgegangen zu sein und somit die öffentliche Gesundheit gefährdet zu haben. In Deutschland hingegen bleibt eine solche Entscheidung allein den Familien überlassen.

## Unterschiedliche Geburtsphilosophien

Der Gesundheitsbereich bringt weitere Unterschiede zwischen Frankreich und Deutschland zutage, die mich des Öfteren an die innerdeutsche Ost-West-Diskussion erinnert haben. Eine westdeutsche Kollegin, die kurz nach der Wende nach Sachsen gezogen war, brachte dort ihr zweites Kind zu Welt. Sie spricht von dieser Geburt wie von einem traumatischen Ereignis: eiserne Disziplin im Krankenhaus, *unfreundliche* Hebammen und Schwestern, die Patientinnen *unpersönlich* behandelten, herablassende Haltung des Arztes (»Sie meckern zu sehr, wir geben ihnen eine kleine Spritze, damit sie ruhiger werden»). Über diese Erfahrung war sie so schockiert, dass sie einen Brief an die Klinikleitung schrieb. Sie nahm dafür in Kauf, als »Wessie, die Theater macht«, zu gelten. Sie beschwerte sich über die respektlose und *autoritäre* Haltung des Arztes und erhielt eine recht verlegene Antwort: Der Arzt war es nicht gewohnt, dass seine Art in Frage gestellt wurde. Auch konnte er sich schlecht vorstellen, dass eine Patientin so genaue Erwartungen hatte. Dies ereignete sich vor ca. 10 Jahren. (Ich will an dieser Stelle die Medizin der früheren DDR nicht pauschal verdammen, sondern mit diesem kontrastiven Beispiel typische West-Erwartungen schildern.)

Unsere beiden ersten Kinder sind in Frankreich geboren, das dritte in Deutschland, genauer im Westen Berlins. Was meine Kollegin erzählte, erinnerte mich eigentlich an meine französischen Geburten. Dabei merkte ich, dass meine damaligen Erwartungen nicht so hochgeschraubt gewesen waren wie die meiner Kollegin. Zwar war mir die *Disziplin* in der französischen Klinik aufgefallen, ich hatte aber die Art des Pflegepersonals nicht unbedingt als persönliche Beleidigung aufgefasst. Ich hatte z. B. gefragt, ob der Wehentropf notwendig sei und wollte wissen, was in der Flasche war. Ich bekam leicht verärgert zur Antwort, der Wehentropf sei Teil der üblichen Vorsorgen (»wenn man gleich die Spritze setzt, braucht man im Notfall nicht die Vene zu suchen«), die Flasche enthielte aber nur Zuckerwasser. Da ich wohl etwas verdutzt schaute, fügte die Hebamme hinzu: »Wenn es Ihnen so nicht passt, hätten Sie lieber in eine gewaltfreie Klinik gehen sollen«. Im Nachhinein – nach der deutschen Geburt – sind mir solche Details wieder eingefallen.

Selbst die schlechtgelaunteste Hebamme in Deutschland hätte nicht so reagiert. Sie hätte es sich zur Pflicht gemacht, alle meine Fragen zu beantworten. Alles in allem fand ich die weniger medikamentöse deutsche Geburt nicht schlecht. Selbst in einer nicht sonderlich alternativen Klinik wurde der Wehentropf nur für den Notfall bereitgehalten. In Frankreich sind heutzutage Wehentropf und Periduralspritze quasi die Regel. Gemäß einer kleinen Umfrage bei den Mamas in meinem Bekanntenkreis in Berlin waren sie die Ausnahme. In Frankreich gilt vor allem die Periduralspritze als ein Fortschritt, der die Frauen vom Fluch Evas befreit (»unter Schmerzen wirst du gebären ...«) – demnach als ein *feministischer* Fortschritt.

Immer noch ist man in Frankreich gegenüber ambulanten Entbindungen sehr skeptisch: Der lange Aufenthalt in der Klinik gilt auch als sozialer Fortschritt. Hausgeburten und Geburtshäuser gibt es nicht. Die (von manchen Hebammen ersehnte) Gründung von Geburtshäusern scheiterte bislang an der Opposition der Ärzte. Jeglicher Versuch, die Geburt ohne Medikamente durchzuführen, wird als Rückkehr ins Mittelalter oder als nicht zu verantwortende Sparmaßnahme denunziert.

Immer wieder werde ich gefragt, warum französische Pioniere der sanften Geburt wie Fernand Lamaze, Fréderic Leboyer und Michel Odent so wenig Einfluss auf die medizinische Institution gewonnen haben. Dazu fällt mir zunächst nur ein, dass der Prophet im eigenen Land gewöhnlich nichts gilt.

Umgekehrt würden französische Ärzte zu den deutschen Entwicklungen sagen, sie seien typisch für die deutsche Naturliebe und für eine gewisse irrationale Fortschrittskritik. Im letzten Kapitel werde ich auf diesen französischen begrifflichen Kurzschluss zurückkommen. Die deutsche Einstellung verstehe ich anders: Individuelle Bedürfnisse sollen besser berücksichtigt werden. Die Geburt eines Kindes als ein außergewöhnliches Ereignis im Leben einer Mutter wird ernster genommen.

## Der deutsche Geburtstag – Eine Feier des Individuums

Mein Geburtstag fällt in den Sommer. In dieser Zeit bin ich selten zu Hause. Einmal versuchten meine (zur damaligen Zeit zukünftigen) Schwägerinnen und Schwiegereltern verzweifelt, mich zu erreichen, um mir zum Geburtstag zu gratulieren: Meine Eltern sollten es mir auf jeden Fall ausrichten. Das taten sie auch, konnten sich dabei aber ein ironisches Lächeln nicht verkneifen. Diese Aufmerksamkeit fanden sie zwar rührend, aber auch etwas kindisch. Meinem Mann gratulieren sie zum Geburtstag nicht. Ihnen ist auch nie in den Sinn gekommen, er könnte deshalb beleidigt sein (er, frankophil und vergesslich, ist es auch nicht).

In Frankreich wird nur im engeren Familienkreis Geburtstag gefeiert. Den eigenen Kindern, dem Partner, den Eltern und Geschwistern wird gratuliert, nicht aber den entfernten Verwandten oder Kollegen. Es ist außerdem eher eine Kinderangelegenheit. Dass ein Chef seiner Sekretärin an diesem Tag eine Aufmerksamkeit mitbringt, wie etwa einen kleinen Blumenstrauß, ist in Frankreich unüblich und könnte sogar falsch interpretiert werden. Deshalb erscheint das deutsche Geburtstagsritual sehr exotisch.

In Frankreich gilt es immer noch als indiskret, eine Dame nach ihrem Alter zu fragen. Darum kann nicht zum Geburtstag gratuliert werden. Hingegen ist es in Deutschland sehr schlimm, wenn man nicht gratuliert, was ich des Öfteren versäumt habe, bevor mir klar wurde, wie wichtig es ist (die Betroffenen mögen es mir nachsehen). Ich galt dann als unverschämt und unaufmerksam. Dies war eine typische Situation von Missverständnissen: Die Nichtbeachtung einer kollektiven Regel wurde als individueller und charakterlicher Mangel interpretiert.

Außerdem muss in Deutschland auf den Tag genau gratuliert werden. Jemandem vorher zu gratulieren, bringt Unglück! In meiner Familie feiern wir gerne in den Sommerferien alle in diese Zeit fallenden Geburtstage zusammen auf einmal. Es kann natürlich sein, dass der ein oder andere Geburtstag erst ein paar Tage oder Wochen später ist. Solch eine Laxheit erstaunt die einen oder anderen deutschen Gesprächspartner, denen ich von unserer Familiensitte erzähle, um meine diesbezüglichen *Fauxpas* zu erklären.

Der Geburtstag meiner ältesten Tochter fällt in die Winterferien, die sie oft bei den Großeltern in Frankreich verbringt. Als sie noch kleiner war, beschwerte sie sich einmal, dass Mama und Papa an diesem Tag nicht da waren. Darüber war die französische Oma beleidigt, die doch schließlich auch zum Nachtisch Kuchen mit Kerzen gedeckt hatte.

Eine Freundin erzählte mir, sie sei am sechsten Geburtstag ihres Kindes aus beruflichen Gründen nicht da gewesen. Die Nachbarn hätten ihr Vorwürfe gemacht:»Das kannst du doch nicht machen! Vielleicht bekommt das Kind davon einen psychischen Schaden.«Ich versuchte ihr mit einer Schilderung unserer französischen Geburtstagsverhältnisse das Gewissen zu erleichtern.

Die Bedeutung des Geburtstags ist wahrscheinlich im Protestantismus begründet. Sie ist auf jeden Fall älter als die Ost-West-Trennung und hat sie sogar überlebt. Die Kollegen und Bekannten aus dem Osten sind in puncto Geburtstag noch genauer. Vor dem Mauerfall war der runde Geburtstag eines im anderen Teil Deutschlands lebenden Verwandten ein Grund für ein Besuchervisum!

Sehr lustig fand ich das erste Mal die Geburtstagswünsche im Radio. Auch die Presse widmet dem runden Geburtstag wichtiger Persönlichkeiten einen Artikel – oft sogar einen sehr ausführlichen! Der Geburtstag ist eine Gelegenheit, individuell Bilanz zu ziehen, das Individuum für seine Leistungen zu ehren. Will man sich über die runden Geburtstage französischer Gelehrter informieren, sollte man die deutsche Presse lesen, denn die französische ehrt nur die kürzlich verschiedenen.

In jüngster Zeit ist auch in Frankreich bei Erwachsenen die Tendenz zu beobachten, Geburtstage feierlicher und in einem etwas größeren Kreise zu gestalten: Große Feste für runde Geburtstage haben sich bei den 30- und 40-Jährigen durchgesetzt. Diese Feste sind aber eher eine Gelegenheit, alle Verwandten und Freunde, die man seit langem nicht mehr gesehen hat, zu versammeln (wie etwa bei Hochzeiten oder Taufen) und mit einem Mal wieder loszuwerden. Zwar sind diese Feiern ein Versuch, die Zeit der individuellen Existenz zu ritualisieren; sie haben jedoch nicht die gleiche Funktion wie der deutsche Geburtstag, der in erster Linie das Individuum und seine Errungenschaften feiert – vielmehr als sein Beziehungsumfeld.

In Frankreich ist der Geburtstag übrigens ein ziemlich junger Ritus: Zu Beginn des 20. Jahrhunderts war er nur in bürgerlichen Kreisen verbreitet. In dem vormals katholischen Frankreich wurde zum Namenstag gratuliert. So sei es übrigens besser gewesen, erzählte mir eine ältere Dame: Beim Namenstag wurde das Kind an seinen Schutzpatron erinnert, was viel interessanter sei als der individualistische Geburtstag.

Wenn der Individualismus der modernen Gesellschaft als die Sorge um das Individuum definiert werden kann, dann ist Deutschland ein Land der Individualisten, und dies wohl viel tiefgreifender als Frankreich. Typische Ansprüche des modernen Lebensethos – dass jeder Autor und Schöpfer seines eigenen Lebens zu sein hat – finden in der deutschen Gesellschaft sehr konkrete Ausformungen. Ich will nicht behaupten, solche Entwicklungen seien in Frankreich nicht zu beobachten. Dort treffen sie aber auf stärkere gesellschaftliche Vorbehalte. Sie stoßen auf den alteingesessenen *gallischen* Individualismus, der schon eine Gegenreaktion auf diese stärkeren gesellschaftlichen Zwänge war. Diese zur zweiten Natur gewordene Gegenreaktion ist ursprünglich die Rebellion der kleinen Leute gegen die Herrschenden – gegen den Klassenfeind, gegen den Staat und seine Vertreter, gegen die Komplizen der Mächtigen und Ausbeuter. Dieser Individualismus drückt sich in der Lust aus, das zu tun, was verboten ist, den Polizisten auszutricksen, sich auf Kosten des Gemeinwesens zu profilieren. In Frankreich müssen sich demnach die Erscheinungsformen des rein *modernen* Individualismus den Raum mit dem *alten (gallischen)* Individualismus teilen.

Den stärkeren Autoritarismus und Zwang für das Individuum im französischen Schulsystem habe ich bereits dargestellt. Ähnliches gilt für die Arbeitsverhältnisse, die hierarchischer strukturiert sind. Soziologen haben gezeigt, dass sich in Deutschland Autorität eher aus der Kompetenz ergibt, in Frankreich aus dem Status. Jacques Pateau hat dies in seiner Analyse des Managementstils und der Arbeitswerte betont.[53] Internationale Vergleiche haben die hierarchische Distanz *(Power Distance)* in Betrieben untersucht. Hieraus ergibt sich ein Gegensatz zwischen Frankreich und Deutschland: Auf einer Skala von eins bis 100 hat Deutschland den *Power-Distance*-Index 35 (leicht über Dänemark, Schweden oder Norwegen, die alle zwischen 20 und 30 liegen und nahe bei England), wohingegen Frankreich 75 Punkte erreicht (höher als Italien und Spanien, die zwischen 50 und 60 liegen). Frankreich wäre demnach die westeuropäische Gesellschaft mit dem höchsten *Power-Distance*-Index.[54]

In Deutschland hat der Individualismus nie wirklich die Dimension eines systematischen Widerspruchs gehabt, selbst nicht in älteren, autoritäreren Stadien der Gesellschaft. In seinem Vergleich der deutschen, britischen und französischen Varianten des Individualismus hat der französische Anthropologe Louis Dumont gezeigt, dass sich der deutsche Individualismus durch die Bildung definiert und sich ursprünglich lediglich in der Privatsphäre entwickelte – zuerst als protestantische Vertiefung der Beziehung des Einzelnen zu Gott, dann in der säkularisierten Form der *Bildung*. Dieser zunächst privat kultivierte Individualismus schließt eine Identifikation mit der Gemeinschaft nicht aus. Für Louis Dumont waren die Deutschen immer gleichzeitig individualistisch im Privaten und in der Gemeinschaft:»In Einklang mit der Reformation ist der deutsche Individualismus ein innerer. Es ist der Individualismus der Bildung. Er verhindert nicht die Zugehörigkeit zur Gemeinschaft. Er stützt sich sogar darauf. Er ist also eine eigenartige Kombination von Individualismus und Zuordnung zur Gemeinschaft. Je nach Situation überwiegt das eine oder das andere Prinzip: Die Zuordnung zur Gemeinschaft bestimmt im sozialpolitischen Bereich (...); der Individualismus bestimmt im Bereich der individuellen Bildung und der künstlerischen Schöpfung.«[55] Gemeint ist genau diese Diskontinuiät zwischen privater (auch künstlerischer) und öffentlicher Sphäre, die von Thomas Mann in den *Betrachtungen eines Unpolitischen*[56] vertreten wird. Nach Louis Dumont ist kennzeichnend, dass der deutsche Individualismus bis in die erste Hälfte des 20. Jahrhunderts keinen politischen Ausdruck fand, wofür er auf das Furchtbarste bestraft wurde.

Der gegenwärtige deutsche Individualismus knüpft ganz eindeutig an die Tradition der *Bildung* an, von der er eine demokratisierte Variante ist. Das Verhältnis von der privaten zur sozialpolitischen Sphäre hat sich seit 1945 tiefgreifend gewandelt.

# Der Mensch und seine Mitmenschen

Wie leben die Deutschen zusammen? Welche Beziehungen pflegen sie zu ihren Nachbarn und Freunden? Wie verhalten sie sich gegenüber dem Gemeinwesen?

In soziologischen Untersuchungen zum »Bild des Nachbarn« schneiden die armen Deutschen immer noch schlecht ab: kalt, distanziert, diszipliniert ... Stereotype sind zäh. Und es werden sich immer Leute finden, die diese Stereotype bestätigen können: Sie haben lange in Deutschland gelebt und am eigenen Leib erfahren, dass die Deutschen keine freundlichen Nachbarn sind, schnell aggressiv werden, wenn man den Müll nicht richtig trennt (dieser Punkt scheint die Irritationen der französischen Beobachter sehr auf sich zu ziehen ...) usw.

Bekanntlich sind Stereotype langlebig, weil sie sich selbst reproduzieren. Der Beobachter bringt Vorstellungen mit sich, die seine Wahrnehmung leiten. So bestätigt der Kontakt mit der Realität die mitgebrachten Erwartungen.

Damit möchte ich überhaupt nicht das Vorhandensein bestimmter kollektiver Verhaltensweisen leugnen. Es stimmt, dass Deutsche respektvoller mit der roten Ampel umgehen als Franzosen oder einstmals New Yorker: Sie warten brav auf ihr grünes Licht, vor allem, wenn sie in Begleitung von Kindern sind. Denen soll man kein schlechtes Beispiel geben. Autofahrer protestieren heftig – das ist wahr –, wenn man sie zum Halten nötigt, solange sie grünes Licht haben. Und ebenso die Fahrradfahrer, wenn man auf ihrem Radweg läuft.

Meistens dringt der Blick nicht hinter diese Oberfläche. Doch hinter sichtbaren Verhaltensweisen verbergen sich Ursachen und Werte. Diese muss man verstehen und darf nicht nur die Oberfläche des Verhaltens beschreiben. Analysiert man dann die durch die traditionellen Stereotype zur Last gelegten Verhaltensweisen, bekommen sie vielleicht eine andere Bedeutung.

## Mitmenschen

### Nachbarn

Maschendrahtzäune vor französischen Einfamilienhäusern empfinden Fremdbeobachter oft als aggressiv. Manchmal geben sich die Bewohner nicht einmal Mühe, sie mit Grün zu verstecken. Diese Zäune sind ein Schutz gegen Angriffe von außen. In Deutschland sind Einfamilienhäuser meist durch Hecken oder Holzzäune getrennt. Oft ist der Vorgarten überhaupt nicht eingezäunt. Er ist ein Ort des Privaten in dem Sinne, dass er jemandem gehört, aber nicht in dem Sinne, dass er den Blicken entzogen wäre.

Das gleiche gilt für Stadtwohnungen, die sich dem Außenblick auch weniger entziehen als in Frankreich: Nippes sichtbar auf dem Fensterbrett, als ob man der Welt draußen zeigen wollte, dieser Ort ist bewohnt und gastlich. In Frankreich zeigt man den privaten Raum nicht nach außen. Laut E. T. Hall steht das von der Straße durch eine Mauer getrennte und dadurch für Blicke von außen unerreichbare südländische (französische, südeuropäische, lateinamerikanische ...) Haus dem nordamerikanischen nach außen hin geöffneten Vorstadthaus gegenüber.[57] Ähnlich kann man den Unterschied zwischen dem deutschen und dem französischen Raum verbildlichen.

Während Franzosen sich verbarrikadieren, verlassen sich die

Deutschen eher auf den spontanen Respekt räumlicher und symbolischer Grenzen, sogar wenn diese nicht immer explizit sind.

In Deutschland dehnen sich die Kennzeichen der Privatheit bis in den öffentlichen Raum aus, was in Frankreich nicht der Fall ist. In einem Stadtwohnhaus findet man Dekorationen in Treppenhaus und Flur: grüne Pflanzen, Türdekorationen, zur entsprechenden Zeit einen Adventskranz, Blumentöpfe auf dem Hof usw. Solche Einrichtungen sind manchmal das Ergebnis nachbarschaftlicher Zusammenarbeit.[58] So etwas wäre in Frankreich recht unwahrscheinlich.

In einer Großstadt wie Berlin fielen mir nicht selten nachbarschaftliche Beziehungen durch ihre Herzlichkeit angenehm auf. Darin spürte ich einen deutlichen Willen, gute Beziehungen aufbauen zu wollen, wie ich ihn aus Frankreich nicht kenne. E. T. Hall bemerkt, dass Franzosen und Engländer im Gegensatz zu Amerikanern distanziertere Nachbarschaftsverhältnisse pflegen: »Die räumliche Nähe reicht nicht aus, um die Menschen in Beziehung zueinander zu bringen.« Umgekehrt ist für die Amerikaner der Nachbar der *Nächste*. Ihm gegenüber hat man Pflichten. Das wiederum erklärt, dass die Amerikaner ihre Nachbarn aussuchen. In der heutigen deutschen Stadtkultur verstehe ich die Pflege guter nachbarschaftlicher Verhältnisse als einen Willen, mit der Anonymität in der Großstadt zu brechen. Dagegen bleiben die Franzosen distanzierter – auch wenn sich die neue BoBo-Welle *(die bourgeois-bohème)* da neuerdings anders verhält.[59]

Dem allgemein verbreiteten Glauben entgegen lädt man in Deutschland (zumindest in Großstädten) auf unkompliziertere Art und Weise zu sich nach Hause ein. Man lädt auch viel eher zu kleinen Mahlzeiten ein: zu *Kaffee und Kuchen* (der in Deutschland traditionelle Anlass des Zusammenseins) und für die junge Generation zum Frühstück. Kaffee und Kuchen gibt es in Frankreich nicht und das französische Frühstück ist keine echte Mahlzeit (zu der man den Tisch ordentlich deckt und sich mit der ganzen Familie hinsetzt), die sich festlich umrahmen ließe. Es wird demnach zu *richtigen* Mahlzeiten eingeladen, was komplizierter ist und sich nicht so spontan organisieren lässt. Wenn man in Frankreich zum Essen einlädt, fühlt man sich verpflichtet, alles zurechtzumachen. Man zeigt, was normaler Weise nicht gezeigt wird – seine Privatsphäre – und fühlt sich deshalb verpflichtet, sie *vorzeigbar* zu gestalten. Selbst für meine Generation gehört es sich nicht, die Gäste an der Essensvorbereitung zu beteiligen. Wohingegen in Deutschland der Hausherr oder die Hausherrin erst damit anfangen, wenn die Gäste kommen.

Mir scheint auch, dass Kinder leichteren Zugang zu den Familien ihrer Schulfreunde finden. Von deutschen Familien, die in Frankreich leben[60], habe ich öfter gehört, dass es schwer war, die Freunde einzuladen oder von ihnen eingeladen zu werden. Französische Kinder haben übrigens immer etwas in der knappen Zeit zu tun, die ihnen nach der Schule bleibt. Sie haben wenig Zeit, um *sich zu verabreden.* Auch das ist wieder eine Frage der Zeit ...

Die *Mittagsruhe* ist in Frankreich kein Begriff. Mietverträge weisen auf die Nachtruhe hin, kennen die Mittagsruhe aber nicht. Auch sie könnte man als eine Abwehr gegen die Außenwelt verstehen. Interessant ist auf jeden Fall, dass das Verbot sich nicht nur auf den Ort des Privaten, sondern auf eine Zeitspanne bezieht.


### Höflichkeit

Vor einigen Jahren habe ich während eines Seminars den Studenten vorgeschlagen, französische und deutsche Benimmbücher zu vergleichen. Zwar wird man immer kleine Unterschiede feststellen: Es ist in Frankreich akzeptabel, seine Stulle in den Milchkaffee zu tunken, in Deutschland nicht. Solche Unterschiede sind jedoch nicht wirklich relevant für das Verständnis tieferer Schichten in der kollektiven Psyche. Die Grundprinzipien sind aber sehr ähnlich, was nicht verwundern darf: Die Höflichkeit hat in allen europäischen Ländern annähernd gleiche Quellen in der höfischen Kultur des 16. und 17. Jahrhunderts. In den 70er Jahren war man sich darüber einig, dass zu viele Formalitäten über Bord geworfen werden mussten. Heute erleben gute Manieren in beiden Ländern eine Renaissance: Sie sollen das soziale Zusammenleben erleichtern.

Wie ehrlich sollen jedoch gute Sitten gemeint sein? Darüber scheiden sich deutsche und französische Geister. Vergleicht man nicht so sehr die guten Sitten selbst als den Diskurs darüber, fällt der Unterschied auf. Französische Anstandsbücher gestehen relativ unverblümt, dass Höflichkeit eine *notwendige Lüge* sein kann: Ein gewisses Maß an Heuchelei gehört dazu. Sonst würde die Gesellschaft gar nicht funktionieren. Höflichkeit ist nicht dazu da, die wahren Gefühle der Individuen auszudrücken. Die Wahrheit eignet sich nicht immer zur Mitteilung. Höflichkeit ist zwar eine Fassade, diese Fassade ist jedoch besser als keine Fassade, weil sie die Sitten doch etwas poliert.

Umgekehrt bestehen die deutschen Anstandsbücher auf der notwendigen Übereinstimmung des Inneren mit dem Äußeren: Höflichkeit muss von Herzen kommen, die Schönheit der Gesten die innere Schönheit widerspiegeln. Heuchlerische Höflichkeit Kindern beizubringen, steht nicht zur Debatte: Es würde sie nur unaufrichtig machen! Vorrang haben Individuum und Innerlichkeit.

In Frankreich wird an Höflichkeit nicht der Anspruch der Ehrlichkeit gestellt. Diese Höflichkeitsauffassung verlangt aber auch nicht vom Individuum, dass es zeigt, was es ist oder fühlt. Man braucht nicht seinen Nächsten zu lieben, um ihm gegenüber höflich zu sein.

## Ungeschriebene Regeln der Geselligkeit

Der soziale Austausch wird in Frankreich als Spiel, fast als Kunst gehandhabt. Bei diesem Spiel soll man sein Bestes geben. Das schuldet man sich selbst und der Gesellschaft. Zum Spiel gehört eine gewisse Ironie, die, von außen betrachtet, recht aggressiv wirken kann. Eine deutsche Freundin, die für einige Zeit in einem Pariser Architekturbüro arbeitete, sagte, sie habe sich an diese soziale Komödie nie gewöhnen können. Sie hatte das Gefühl, eine Rolle spielen zu müssen, fand dieses ständige *Lustig-sein-müssen* lästig und fühlte sich ausgeschlossen.

Umgekehrt bedauern manchmal in Deutschland lebende Franzosen einen Mangel an Spiel und Ironie. Insgesamt stimmt es wahrscheinlich, aber es gibt auch zahlreiche Gegenbeispiele. Mein Mann ist nach diesen Kriterien viel *französischer* als ich.

In Deutschland entspricht dieser Austausch mehr dem Wunsch, den Gesprächspartner ins Vertrauen zu ziehen, ihm zu bestätigen, dass er sich auf freundschaftlichem Terrain bewegt. Deshalb empfinden deutsche Beobachter das französische Gesellschaftsspiel oft als Angriff.

## Ungeschriebene Regeln der Konversation

Über lange Zeit hat mich mein Mann regelmäßig beleidigt: In einer angeregten Konversation zwischen uns beiden unterbrach ich seine Worte mit einer kurzen Bemerkung, ohne irgendwelche Aggression. Vielmehr wollte ich ihm damit meine Aufmerksamkeit deutlich machen und meine Teilnahme an dem, was er sagte. Jedes Mal hörte ich ein bissiges »Lass mich ausreden!« oder »Unterbrich mich nicht dauernd!«, was mich sehr beleidigte, da das überhaupt nicht meine Absicht war. Bis zu dem Tag, als ich aus der Feder einer Anthropologin eine Beschrei-

bung der französischen und amerikanischen Konversations-
regeln las, die mir den Schlüssel zum Problem lieferte.[61] Der Gegensatz zwischen deutschen und französischen Konversations-
regeln entspricht denen der amerikanischen und französischen.
Die impliziten Regeln der französischen Konversation erlauben
innerhalb eines Gesprächs kurze Einwürfe der Gesprächspartner, die das, was der andere sagt, unterstreichen und ihm zeigen, dass sein Gegenüber an seinem Gedankengang teilnimmt.
Diese Interventionen haben eine rein kontaktknüpfende Funktion: »Ja, ich höre dir zu«. Es ist eine Betonung, eine wohlmei-
nende Wiederholung. In Deutschland hingegen wird dieser
Einwurf als unhöfliche und unfreundliche Unterbrechung empfunden.[62]

Mit diesem Schlüssel bewaffnet, war ich in der Lage, die
pathologischen Varianten der französischen Konversation zu
benennen: Die Person, die ihre Billigung zeigen möchte, hindert
die andere am Reden, indem sie ihre eigenen Fragen gleich
beantwortet, was der Gesprächspartner notwendigerweise als
voreilig und gröblich empfindet. Nur in Frankreich habe ich diese pathologische Version des partizipativen Gesprächspartners
getroffen.

Im Hinblick auf Äußerungen des anderen könnte man diese
Haltung wie folgt interpretieren: Absolute Vorherrschaft wird in
der deutschen Konversation dem Inhalt zugestanden. Insofern ist
es unnötig, durch parasitäre Bemerkungen zu bestätigen, wie gut
die Kommunikation funktioniert. In Frankreich hingegen ist die
regelmäßige Rückversicherung viel notwendiger. Sie schließt die
Wichtigkeit der Botschaft nicht aus, aber sie ist eine Bedingung,
ohne die eine Botschaft nicht gut vermittelt wird.

Deutsche Freunde haben mir oft gesagt, sie fänden die freund-
schaftliche Konversation der Franzosen *oberflächlich:* »Während
eines Abendessen wollte ich mit meinem Tischnachbarn über seine Arbeit sprechen, aber er gab mir zu verstehen, dass dies nicht

der angemessene Ort dafür sei. Ich fand die Konversation uninteressant und leer«, sagte mir eine Kollegin. Tatsächlich gibt es eine sehr französische Art, die Atmosphäre nicht durch ernste Gespräche zu belasten. In Frankreich entsteht das Vergnügen an der Konversation aus dem Gefühl heraus, dass der Austausch funktioniert, dass er in sich amüsant ist. Die Konversation wird als kollektives Spiel verstanden, das in sich selbst seinen Zweck hat, d. h. als Quelle von Vergnügen. In Deutschland liegen die Qualitäten einer Konversation eher da, wo sie Wortbeiträge unterschiedlicher Gesprächspartner ermöglicht, ohne dass diese gezwungen wären, sich zu verstellen. Die Form zählt auch, aber sie ist weniger autonom. Gelangt man nach einer gewissen Zeit nicht zu Themen, die irgendeinen der Beteiligten existentiell oder zumindest sehr leidenschaftlich interessieren, empfinden viele Deutsche das Gespräch als fad und überflüssig.

### Ritual mit oder ohne Emotion

Diese Unterschiede erklären, warum die Deutschen von den Franzosen oft als feierlich – sogar als *schwer* – die Franzosen von den Deutschen hingegen als übertrieben leger empfunden werden. Es ist so, als müssten sich die Franzosen für ein ernstes Thema entschuldigen, wohingegen es für die Deutschen das Qualitätszeichen des Austauschs ist.

Neulich erzählte mir eine deutsche Französischlehrerin eine Anekdote, die diesen Unterschied sehr gut veranschaulicht: Als sie sich zum ersten Mal mit dem Deutschlehrer der französischen Partnerschule traf, um den Schüleraustausch zu organisieren, fing dieser damit an, Witze zu erzählen und Politiker zu imitieren. Sie fand es überhaupt nicht lustig, sondern *unpassend* und *unpersönlich*. Sie hätte sich eher gewünscht, *ihn erst einmal kennen zu lernen*. Er hingegen dachte wahrscheinlich, es sei für ein erstes

Treffen angebracht, nicht zu persönlich zu werden und sich zunächst einmal auf neutralem – dennoch unterhaltsamem – Terrain zu bewegen.

Ein anderer grundlegender Unterschied ist, dass in Frankreich Gefühle nicht so direkt zum Ausdruck gebracht werden. Eine gewisse Distanz muss eingehalten werden, eine manchmal ironische Reserviertheit, damit eine Unterhaltung nicht durch demonstrative Emotionalität belastet wird. Man legt seinen Seelenzustand nicht offen; und wenn man es macht, dann nur mit einer gewissen Distanz, die zeigen soll, dass das Gefühl beherrscht wird. In Deutschland hingegen muss das Gefühl gezeigt werden. Wenn dies nicht sichtbar der Fall ist, dann wird es als Zeichen eines Mangels gesehen oder dafür dass etwas nicht stimmt oder jemand verklemmt ist. Daher kommt wohl das französische Urteil, die Deutschen seien *sentimental*.

Die französische *Leichtigkeit* oder *Lässigkeit* zeigt den Willen, Gefühlsbezeugungen zähmen zu wollen, sie auf Distanz zu halten. Genauer gesagt, dem Gesprächspartner zu zeigen, dass man von ihnen nicht beherrscht wird. Die Franzosen praktizieren manche Höflichkeitsgesten – vor allem die Begrüßung – auf eine Art, die vergleichsweise konventionell und trocken ist. Ihre Gesten variieren nicht, egal wie wichtig der Moment ist. Wenn man die Gesten zwischen den Paaren, zwischen Eltern und Kindern ausnimmt, die nicht ausschließlich vom Sozialcode bestimmt werden, dann ist ein Kuss auf die Wange ein Kuss und ein Handschlag ein Handschlag. Diese Gesten können nicht nach Laune intensiviert werden. Sie sind immer kurz.

In Deutschland kann Ihnen jedoch der Gesprächspartner lange die Hand schütteln, wenn er Ihnen vermitteln möchte, wie bedeutend der Moment in seinen Augen ist oder wie bewegt er selbst ist. In Deutschland umarmt man sich (im eigentlichen Sinne des Wortes), was in Frankreich nicht üblich ist. Die Umarmung ist emotionaler als die zwei (bzw. drei oder vier ...)

Wangenküsse und kann mehrere Sekunden dauern. Dabei balanciert man von einem Fuß auf den anderen und klopft einander auf die Schulter.[63] Ich kann mich noch sehr genau daran erinnern, dass mich als Kind deutsche Begrüßungs- oder Abschiedsmomente (wenn man sich lange nicht gesehen hat oder wenn man sich für lange Zeit verabschiedet) regelmäßig in Verlegenheit brachten: Die Intensität der Umarmungen war in meinem eigenen Code einem anderen Typ von Beziehungen vorbehalten!

Desgleichen versetzten mich auch lange Zeit *Glückwünsche* aller Art (zum Geburtstag, zum Neuen Jahr...) in Verlegenheit: In diesen Momenten ist es wichtig, die Glückwunschworte mit der passenden Ernsthaftigkeit und Emotion auszusprechen. Die Mischung aus Gefühl und Ritual kam lange Zeit meinem französischen Empfinden widersprüchlich vor: Ritualisierte Gesten und Formeln waren meiner Meinung nach mit Gefühlen unvereinbar. In familiären oder freundschaftlichen Gelegenheiten erscheinen mir zunächst die Formeln unangebracht – fast peinlich. Spontan würde ich sogar befürchten, der Gesprächspartner könnte es mir übel nehmen, wenn das Gespräch in einem zu formalen Rahmen abläuft. Genau das Gegenteil passiert: Meine Zurückhaltung wird regelmäßig als Trockenheit interpretiert und meine Visavis empfinden die Situation gar nicht als formal. Für sie schließen diese Formen Gefühle nicht aus. Ritualität schließt in Deutschland Emotionalität weniger aus als in Frankreich.

Da für mich stark kodifizierte Gesten mit echten Gefühlen schwer vereinbar waren, empfand ich lange Zeit bestimmte kleine Rituale als Formalitäten und hatte kein Verständnis dafür, dass die Leute um mich herum sie so ernst nahmen. Dies gilt insbesondere für das Einpacken von Geschenken. Ich habe eine besondere Ader für die Vernachlässigung solcher Details. Spontan kann ich mir einfach nicht vorstellen, dass solchen für mich durch ihren formelhaften Charakter disqualifizierten Worten und Gesten ein so großer Wert beigemessen wird. Einmal hatte ich vergessen, ein kleines Geschenk einzupacken, das unter den Weihnachtsbaum in Mi.'s Klasse gelegt werden sollte. Viele Monate später warf es mir die Lehrerin noch vor, als ich sie wegen einer vollkommen anderen Sache traf. Ihrer Meinung nach hätte es meine Tochter als ein Mangel an Zuneigung aufgefasst. An dieser Stelle möchte ich jedoch der Pracht deutscher Geschenkpakete Ehre erweisen. In ihnen drückt sich eine ganz spezielle Art aus, *sein ganzes Herz in ein Detail zu legen*, die in Frankreich ihresgleichen sucht. Nicht nur können Geschenkpakete wunderbar aussehen. Sie sind auch oft auf die Person ganz genau zugeschnitten und auf eine Weise angefertigt, deren barocke Pracht alles übertrifft, was man sich in Frankreich vorstellen kann. Das Geschenkpäckchen und die Widmungen werden als Zeichen des Gefühls gegeben und empfangen.

Mit einer Anekdote werde ich den für mein französisches Empfinden exotischen Charakter der deutschen Kombination von Ritus und Gefühl nochmals illustrieren. Am Ende des Semesters hatten meine Kollegen vom Romanistik-Institut eine Gedichtlesung über das Thema Sommer organisiert. Dazu muss zunächst gesagt werden, dass Lesungen in Frankreich unüblich sind. Zwar halten Schriftsteller Vorträge, aber selten Lesungen. In diesem Fall sollte ich als Moderatorin fungieren, d. h. die Lesenden und ihre Texte einführen. Das war sehr intim. Es waren nur wenige Studenten dabei. Das ganze Ritual der Lesung erschien mir unüberwindlich peinlich, da wir quasi unter uns waren. Mir kam die ganze Inszenierung und das theatralische Lesen meiner Kollegen sehr künstlich vor. Ich habe meine Rolle so schlecht gespielt (»Ist sie schlechten Willens oder ist sie wirklich so unbegabt«, werden meine Kollegen sich wohl gefragt haben), dass ich zum Glück nie mehr für eine solche Aufgabe herangezogen worden bin. Ich hätte am liebsten gesagt:»Ich bin keine Schauspielerin und dies ist kein Theater«.»Jeder kann es versuchen«, hätten die anderen gesagt (Deutschland, das Land der *professionellen*

Amateure!). Wenn ich gesagt hätte, »ich finde diese Inszenierung lächerlich und habe daran überhaupt keine Freude«, dann hätten sie mir es übel genommen. Diese geteilten und zum Ausdruck gebrachten Emotionen erschienen den anderen ganz natürlich und wichtig für unsere kollektive Existenz als Institut. Mir wäre es bestimmt gelungen, mich gut (mit Diskretion, ohne zu zeigen, dass ich das Ganze peinlich fand) zu benehmen, wenn ich nur Zuschauerin gewesen wäre. Eine aktive Teilnahme lag jedoch jenseits meines interkulturellen guten Willens, dessen Grenze ich hier demütig anerkenne.

Eine letzte Lehre lässt sich aus dieser Anekdote ziehen. Sich an andere Gepflogenheiten anzupassen, ist nicht unbedingt schwierig. Das macht man unter bestimmten Umständen sogar sehr gerne. Schwierig ist es aber, das zu tun, was in der eigenen Kultur als lächerlich angesehen wird. Das Gefühl des Lächerlichen ist kulturell kodiert. Es ist wahrscheinlich das, was am wenigsten überwunden werden kann.

Wenn ich auch immer noch lange nicht fähig bin, Gefühle in einer zu stark ritualisierten Situation zu empfinden, dann bin ich doch mit der Zeit sensibler geworden für die Dimension der Zensur einer Kultur, die implizit verbietet, Emotion und Ritual zusammenzubringen, wie es nach meinem Empfinden in Frankreich der Fall ist. Der Sozialcode schreibt implizit vor, sich weder formal noch sentimental zu geben, sondern lässig und zurückhaltend ironisch. Die deutsche Gleichzeitigkeit von Förmlichkeit und Herzlichkeit ist den Franzosen unverständlich. Umgekehrt ist den Deutschen bestimmt die französische Mischung aus Fröhlichkeit und Distanz rätselhaft.

Die deutsche Art führt auch dazu, dass Rituale neu interpretiert und *angeeignet* werden. Dies ist mir beim Vergleich von Hochzeiten in beiden Ländern aufgefallen: In Frankreich lehnten die Brautleute die traditionelle Zeremonie ganz und gar ab und machten nur ein *Fest*, oder sie blieben der Tradition mit all ihrer

Pracht ganz buchstäblich treu. Es gab keinen Mittelweg. In Deutschland hingegen wurde die Tradition modifiziert und überdacht, von den Einzelnen persönlich interpretiert, aber nie vollkommen abgelehnt.

Dem französischen Blick fallen in Deutschland etliche Rituale und feierliche Momente auf, die der Existenz einen Rhythmus geben oder Lebensabschnitte markieren: Die Einschulung, die Geburtstagsfeiern sowie all die Rituale, die Kindern gewidmet sind – der Laternenumzug am St. Martinstag, die Weihnachtsriten (Adventskalender, Weihnachtsdekoration und -gebäck ...), der Karneval usw. Brigitte Sauzay bemerkt in ihrem *Berliner Tagebuch* zum Laternenumzug:»Es ist wunderschön, es ist ruhig, es ist vormodern; wie schaffen sie es, die Kinder dafür zu interessieren?«[64] Aber ja, gerade die Kleinen lieben es! Diese kleinen Rituale haben eine wichtige gefühlsmäßige Aufgabe.

Ein Bedürfnis nach Riten ist in letzter Zeit übrigens auch in Frankreich festzustellen. Dieses Bedürfnis drückt sich in der Wiederbelebung alter Traditionen, die mehr oder weniger verschwunden waren (wie z. B. der Karneval), oder in der Erfindung neuer *Feste* aus. Das Fest der Musik (am 21. Juni) war das erste.[65] Danach wurden andere ins Leben gerufen, z. B. das Fest des Brotes, des Weinbergs und des Weins, der Großmütter, des Wanderns, der Sekretärinnen, usw. Zudem gibt es die Schwulenparaden und Rave-Parties. Es werden sogar aus anderen Ländern Feste importiert, wie Halloween oder das deutsche Adventsritual. Die Einführung solcher Rituale ist nicht frei von kommerziellen Hintergedanken. Ihr Erfolg zeigt jedoch, dass sie einem Bedürfnis entgegenkommt: dem Bedürfnis nach kollektiven Ereignissen, nach kleinen festlichen Momenten, deren Existenz vormals der liturgische Kalender bestimmte. In Frankreich waren sie einfach verschwunden.

In Deutschland haben sie sich bis heute erhalten. Diese Rituale sind ursprünglich alte heidnische Traditionen, die vom Christentum assimiliert und in die christliche Liturgie integriert wurden: der Karneval natürlich, aber auch die Knospenzweige, an die man die Ostereier hängt (Frühlingsritus), das Erntedankfest, der Weihnachtsbaum mit seinen Kerzen (germanisches Lichtfest usw.). In Frankreich ist das einzige Beispiel einer vergleichbaren noch erhaltenen autochthonen Tradition der *Drei-Königskuchen (galette des Rois)* am 6. Januar, der auch die Christianisierung eines alten heidnischen (römischen) Ritus ist. Dem deutschen Lesepublikum sei es erklärt: In die *galette des Rois* wurde früher eine Bohne *(une fève)* eingebacken (heute ist es eine kleine Plastikfigur); wer die *fève* mit seinem Stück erhält, ist König oder Königin, erhält eine goldene Pappkrone und sucht sich in der Runde eine Königin oder einen König, die geküsst werden wollen. Am nächsten Tag bringt der König oder die Königin einen neuen Kuchen in die Schulkantine. So geht es den ganzen Januar lang. Dieser Ritus wurde vom Christentum aufgenommen und neu interpretiert, danach ohne religiösen Inhalt weiter tradiert.

In Nordeuropa sind solche Traditionen zahlreicher und ohne Unterbrechungen weitergegeben worden. Ihre folkloristische Dimension hat ihnen mit Sicherheit dazu verholfen, die Säkularisierung der Gesellschaft zu überleben. In Frankreich erklärt sich ihr Verschwinden vielleicht durch die frühe und radikale Trennung von Staat und Kirche (1905). Diese führte dazu, dass religiös konnotierte Rituale in der Gesellschaft schneller an Bedeutung verloren. Plötzlich aber – im späten 20. Jahrhundert – wurden sie wieder vermisst und mussten neu erfunden werden.

Als weiteres Beispiel für Rituale könnte man noch das Klassentreffen erwähnen. In Frankreich war es nie üblich, dass ehemalige Schüler einer Klasse sich alle fünf oder zehn Jahre zu einem gemeinsamen Abend wiedertreffen.[66] Sicherlich wird diese Tradition in Deutschland dadurch begünstigt, dass eine Klasse über mehrere Jahre hinweg intakt bleiben kann, manchmal sogar über die ganze Schulzeit hinweg. Neulich wurde mir aber erzählt, dass in Frankreich Klassentreffen organisiert werden und es sogar eine Fernsehsendung und Internetseiten gäbe, um sich wiederzufinden. Wenn das tatsächlich der Fall ist, kann man von der Neuerfindung einer Tradition sprechen.


## Du und Sie

Man duzt sich schneller als in Frankreich: zwischen Eltern und untereinander befreundeten Kindern, Nachbarn und sogar in einigen Geschäften – vor allem in Bekleidungsboutiquen. In einer vergleichbaren Situation – auch unter Gleichaltrigen oder hierarchisch Gleichgestellten – siezt man sich in Frankreich länger. In Deutschland duzen sich Menschen unter 50 systematischer im Gegensatz zu der älteren Generation.

Meine Zahnärztin, ungefähr 45 Jahre alt, etwas feministisch gesinnt und auf das psychische Wohlergehen ihrer Patienten sehr bedacht, hatte mir gleich beim ersten Besuch das Du angeboten – mit der Begründung, »wir werden uns dabei wohler fühlen, es verringert die Distanz«. Ihr Angebot hatte ich nicht direkt abgelehnt. Das »Du« kam mir jedoch nicht über die Lippen. Das hat sie mir übelgenommen. Dass ich nicht zurückgeduzt habe (was ich in dem Moment nicht klar begründen konnte), verstand sie als Angriff: Ich weigerte mich, unser Verhältnis über die Behandlung hinaus menschlich und freundschaftlich zu gestalten. Für sie war es ein Zeichen von Konservativismus: Ich gehörte zu den Leuten, die nichts dazu beitragen, um die Gesellschaft weniger hierarchisch zu gestalten. Auch wenn ich es in dem Moment nicht klar formulieren konnte, ist für mich das Duzen ein Zeichen von Intimität. Ihr Angebot empfand ich als aufdringlich. Außerdem störte mich die Perspektive einer nicht übermäßig emotional betonten Behandlung nicht – ganz im Gegenteil.

In Frankreich hingegen habe ich inzwischen das Gefühl, dass mein zu direktes Duzen, z. B. gegenüber anderen Eltern, nicht gut aufgenommen wird. Das leichtere deutsche Duzen scheint mir für den Willen einer Generation, die Gesellschaft humaner zu gestalten, typisch.

## Titel

Französische Beobachter verwundert wiederum der deutsche Gebrauch von akademischen Titeln. In Deutschland sind akademische Titel (ebenso wie Adelstitel) Teil des Personenstandes. Sie werden in allen Urkunden und auf dem Personalausweis erwähnt, was in Frankreich nicht der Fall ist. Unbefugt einen akademischen Titel zu tragen, ist strafbar. In Frankreich wäre es sehr eitel, seinen akademischen Titel zur Schau zu stellen. Das tut auch keiner. Niemand – außer den Ärzten – wird mit dem Doktortitel angesprochen.

Deshalb interpretieren regelmäßig französische Beobachter den deutschen Titelgebrauch als ein sicheres Zeichen dafür, dass man hier zu Lande *hierarchiebesessen* sei. Für mich war es am Anfang auch gewöhnungsbedürftig. Ich fand das Bestehen der Leute auf ihren Titel zunächst furchtbar eitel und förmlich. Umgekehrt empfand ich es als unterwürfig, wenn ich manchmal von Studenten als »Frau Dr.« begrüßt wurde. Erst später begriff ich, dass es nicht um die persönliche Eitelkeit des Einzelnen geht. Der Gebrauch von akademischen Titeln ist eine Anerkennung der Kompetenz. Deshalb wurden in der DDR, die gleichzeitig eine auf Arbeit gegründete, andererseits aber auch eine sehr hierarchisch strukturierte Gesellschaft war, der Gebrauch von akademischen und beruflichen Titel beibehalten.

## Anrede

Leute mit »Madame« oder »Monsieur« anzureden (ohne den Namen derjenigen danach zu erwähnen) ist ein französischer und zugleich bürgerlicher Usus; »Madame Durand« gilt als volkstümlich. In Deutschland und den angelsächsischen Ländern wäre es dagegen sehr unhöflich, Leute nur mit »Frau« oder »Herr« anzusprechen. Der Name muss folgen. Sonst heißt es, dass man sich nicht an den Namen der Person erinnern kann.

In Deutschland ist das Quasi-Verschwinden des Wortes »Fräulein« erwähnenswert. Jede erwachsene Frau, egal, welchen Familienstands oder welchen Alters, jede volljährige Gymnasiastin, besteht darauf, sich mit »Frau« anreden zu lassen. An der Universität sprechen die Lehrenden die Studentinnen auch nur mit »Frau« an. Formulare bieten nur die Alternative zwischen »Herr« oder »Frau«. Die in Frankreich noch übliche Frage »Madame ou Mademoiselle?« würde hier nur konsternierte Empörung hervorrufen. Dass man in Frankreich eine Frau noch mit »Mademoiselle« anspricht, ist heutzutage hauptsächlich eine Spekulation über ihr Alter. In der Tat wäre eine junge Frau beleidigt, mit »Madame« angesprochen zu werden, wobei eine ältere sich eventuell über ein nicht mehr verdientes »Mademoiselle« freuen würde.

Am Telefon ist es beim Abheben des Hörers üblich, seinen Nachnamen zu sagen – selbst bei sich zu Hause. In Frankreich muss hingegen zuerst die anrufende Person ihren Namen sagen. Die deutsche Art bringt regelmäßig französische Freunde zum Lachen, zumal wir beide (wie es alle emanzipierten Paare um uns herum tun, die ihren Namen bei der Heirat behalten haben) den Namen des Partners nach dem eigenen sagen. In Frankreich ist dies nur bei beruflichen Telefonaten üblich. Am Anfang tat ich mich damit schwer. Es wurden mir schlechte Manieren vorgeworfen, so dass ich jetzt brav »Durand« sage (auch wenn ich insgeheim immer noch der Meinung bin, dass der Anrufende sich zuerst vorstellen müsste ...).

Was mich anfangs auch dabei störte, war das Sichvorstellen mit dem bloßen Familiennamen. Dies gilt auch, wenn man sich persönlich vorstellt (wenn man eine andere Person vorstellt, dann selbstverständlich doch mit Vornamen oder mit »Herr« bzw. »Frau«). Das bloße Nennen des Familiennamens soll direkter und professioneller wirken.[68]

Umgekehrt wird in Deutschland (sowie in der angelsächsischen Welt) mit Vor- und Zunamen unterschrieben, wohingegen man in Frankreich mit dem Nachnamen und höchstens dazu mit der Initiale des Vornamens unterzeichnet. In Frankreich gelten Unterschriften mit Vornamen als kindisch.

## Gruppen

Bis vor kurzem war in Deutschland das Vereinsleben stärker entwickelt als in Frankreich. Neu waren für mich insbesondere die zahlreichen Selbsterfahrungs-, Erlebnis- und Selbsthilfegruppen. Hierzu gehören die Krabbelgruppen, aber auch Literaturkreise, Diskussions- und Erfahrungsgruppen aller Art. Zwar existieren sie auch in Frankreich, sind aber nicht so präsent. Ich wüsste auch keine übliche Bezeichnung dafür. Grund für das Zusammenkommen dieser Gruppen sind nicht persönliche Bindungen, sondern ein gemeinsames Thema, ein Interesse oder eine Erfahrung, die Leute miteinander verbinden. Gerne würde ich für diese Form der Geselligkeit den Begriff einer *thematischen* Geselligkeit prägen. Die Geselligkeitsform unterscheidet sich von traditionell nachbarschaftlichen oder beruflichen Beziehungen. Mir scheint, diese Vernetzung ist in Deutschland stärker entwickelt als in Frankreich. Somit entsteht ein Gesellschaftsleben, das individuellen Interessen Rechnung trägt.

## Bürgersinn

In der ganzen Welt ist die Versuchung groß, das, was allen gehört, schlechter zu behandeln als das, was man persönlich besitzt. Genauso verhält man sich respektvoller gegenüber Menschen, die man kennt, als gegenüber anonymen Individuen, mit denen man in Geschäften, auf der Post, in Parks etc. verkehrt. Diese spontane Hierarchie ist zweifellos universell. Aber die Schranken, die die systematische Respektlosigkeit gegenüber dem, was allen gehört, verhindern, fallen von Kultur zu Kultur anders aus. Bürgersinn ist nicht überall gleich verinnerlicht.

### Identifikation mit dem Gemeinwesen

Die Kunst, Schlange zu stehen, ist ein erstes Indiz für Bürgersinn: Leute, die sich am Skilift vordrängen und den Stock zwischen die Skier des Nachbarn stellen, damit dieser nicht vorankommt, das kann nur in Frankreich passieren. So als wäre der öffentliche Raum ein Dschungel, wo gute Manieren außer Kraft gesetzt werden. Anscheinend macht Skifahren (so wie Autofahren) vulgär und aggressiv. Tatsache ist, dass sich die Menschen in Deutschland brav anstellen. Das Warten wird dadurch weniger aggressiv. Insgesamt macht in beiden Ländern die Einführung der *einzigen Schlange* bei der Post oder an Bahnhöfen (amerikanischer Herkunft!) das Vordrängeln schwieriger. Insgesamt standen schon vorher die Deutschen ordentlicher in der Schlange, auch wenn sie diese Kunst nicht so weit treiben wie die Engländer, die für ihre Fairness und ihre Freundlichkeit in solchen Situationen berühmt sind.

Selbst wenn ich hierzu keine präzisen Statistiken vorlegen kann, so glaube ich, dass es in Deutschland weniger zerstörte

Telefonzellen gibt als in Frankreich (wo es sich jedoch in den letzten Jahren gebessert hat, aber vielleicht nur, weil die Leute Handys haben). In einer kaputten Telefonzelle in Deutschland liest man manchmal: »Wegen mutwilliger Beschädigung zerstört«. Nicht einmal im Traum würde die *France Télécom* versuchen, an das Bewusstsein der Bürger oder an die kollektive Missbilligung zu appellieren.

Vergleichende Untersuchungen, bei denen die Testpersonen gefragt werden, ob gewisse Verhaltensweisen – Schwarzfahren, das Finanzamt betrügen usw. – in ihren Augen akzeptabel seien, ergeben, dass der Gemeinschaftssinn in Frankreich am niedrigsten ist. Er ist niedriger als in Spanien oder in Italien. Wohingegen Deutschland zusammen mit den nordeuropäischen Ländern zu den rigorosesten gehört.[69]

Dieser Rigorismus ist also keine deutsche Spezifizität[70], stellt aber einen weiteren Gegensatz zu Frankreich dar. Ich würde nicht behaupten, dass in Berlin weniger schwarz gefahren wird als in Paris. Wenn aber Leute in der U-Bahn ohne Fahrschein ertappt werden, rechtfertigen sie sich anders. Eine Französin in Berlin erzählte mir einmal: »Der Kontrolleur war sehr unangenehm und die Leute wirklich feindlich gesinnt. Kannst du dir vorstellen, niemand hat versucht, mir zu helfen ... Ich bin sicher, dass in Frankreich jemand zum Kontrolleur gesagt hätte: ›Lassen Sie sie doch in Ruhe, sie ist eine arme Studentin ohne Geld ...‹« Dass in Paris jemand für sie Partei ergriffen hätte, ist zweifelhaft. »Pech gehabt«, würden in Deutschland die Ertappten nur sagen. Typisch ist bei der obigen Darstellung die aggressive Auslegung der Szene. Die Passagierin schlüpft in die Opferrolle und stellt den Kontrolleur als Vertreter einer ungerechten Ordnung dar.

Der öffentlichen Gewalt gegenüber haben die Franzosen ihre alte feindliche Haltung bewahrt: Der Staat wird leichter als sonst irgendwo als Feind des Volkes und der kleinen Leute angesehen, auch als Feind des Einzelnen. In dieser Hinsicht besitzen die

Franzosen noch eine vordemokratische Mentalität: Die öffentliche Gewalt ist Komplize einer ungerechten Gesellschaftsordnung. In Deutschland – wie in Nordeuropa – korreliert der Bürgersinn mit einem demokratischen Habitus. In Frankreich sind hingegen demokratische (politische) Überzeugungen nicht unbedingt mit Bürgersinn verbunden.

Als ich an einer Aktion gegen die Erhöhung der Kindergartenbeiträge teilnahm, fiel mir auf, wie sehr die Veranstalter darum bemüht waren, im Rahmen des Legalen zu bleiben. Um unseren guten Willen zu zeigen, sollten wir uns nicht einfach weigern, die Beträge zu zahlen, sondern sie auf ein beim Notar eingerichtetes Sonderkonto überweisen. So gewann die Aktion vor Gericht und das Geld wurde direkt an die Kindergärten ausgezahlt. Der Protest richtete sich nicht so sehr gegen die Erhöhung, sondern dagegen, dass das Geld in andere Kanäle hätte fließen können. Verhandlungen in Arbeitskonflikten verlaufen nach ähnlichen Prinzipien. Jede Seite bedenkt in ihrer Forderung die Position des Gegners. Diese Haltung ist in einer Form von Sozialisation verwurzelt, die den ausgehandelten Konsens der frontalen Opposition vorzieht.

Die bessere Identifikation mit dem Gemeinwesen äußert sich in vielen anderen kleinen Gesten. In Frankreich wird man nur von den anderen Leuten ermahnt, wenn man sie persönlich beleidigt oder stört. In Deutschland wird man von irgendjemandem zur Ordnung gerufen, wenn man gegen allgemeine Regeln verstößt (bei Rot über die Straße gehen, auf dem Bürgersteig Fahrrad fahren, zu Fuß auf dem Fahrradweg gehen ...). Jeder fühlt sich als Hüter der öffentlichen Ordnung. Jeder übernimmt die Verantwortung für alle. Solche Verhaltensweisen führen unweigerlich dazu, dass Fremde die Deutschen als disziplinbesessen empfinden. Von solchen Bemerkungen wird man in der Tat gemaßregelt. Franzosen wäre es in der Form unerträglich. Wenn man jedoch die Leute hier fragt, was sie mit diesem Verhalten assoziieren, dann ist es nicht Disziplin, sondern Verantwortung.

Auf dem Spielplatz wird man regelmäßig von anderen Eltern ermahnt: Bei Ihrem Kind läuft die Nase; es sollte nicht ohne Anorak spielen, weil es wirklich zu kalt ist; es ist für die große Schaukel zu klein ... Jeder fühlt sich für die anderen verantwortlich. So meinte es auch die Dame, die uns im Kino vorwarf, unsere Tochter sei für den Film zu jung. Sie fühlte sich an unserer statt verantwortlich für unsere Tochter. Und meine Reaktion – »was mischt die sich denn da ein?« – war typisch französisch.

Leute, die sich als Hüter des Gemeinwohls fühlen, werden schnell rechthaberisch. Neulich hatte ich in der Bibliothek eine falsche Bestellung abgegeben. Statt es mir bloß zu sagen, erklärte mir die Bibliothekarin, dass ich dadurch das ganze System verwirre und selber daran Schuld bin, wenn ich meine Bücher nicht bekomme usw. Das kam mir wie eine Moralpredigt vor.

### Transparenz oder Denunziation?

Aus der anderen Auffassung dessen, was das Individuum dem Kollektiv schuldet, ergibt sich ein anderer Bezug zur Transparenz. Kürzlich habe ich einen kleinen deutschen Jungen ungewollt brüskiert, der zu Besuch in unserem Landhaus in Südfrankreich war. Zu diesem Zeitpunkt waren ungefähr ein Dutzend Kinder im Haus: meine eigenen, dazu Nichten, Neffen und andere befreundete Kinder. Dieser kleine Junge kam also nach einigen Tagen Besuch zu mir, um zu berichten, dass einer der Neffen sich seit Tagen nicht gewaschen habe. Ich habe ihn wohl etwas unfreundlich zurechtgewiesen und gesagt, das ginge ihn nichts an und sei nicht so schlimm. Ich habe es sofort bedauert, denn er war über meine Reaktion überrascht. Er dachte, etwas Gutes zu tun, indem er einem Erwachsenen berichtete, was seiner Meinung nach in der häuslichen Ordnung nicht funktionierte. Ich hatte jedoch sein Verhalten fast als *petzen* interpretiert.

Über die Tatsache hinaus, dass er in Bezug auf Körperpflege die Messlatte höher legte, hatte er nicht die Absicht, meinem Neffen Ärger zu machen. Es war sicherlich etwas, was man ihm beigebracht hatte: Wenn etwas nicht stimmt, dann sagt man es einer erwachsenen Person, denn das ist besser für alle. Hingegen wird den französischen Kindern sehr früh beigebracht, dass *rapporter* (petzen) eine Form schändlicher Kollaboration ist – egal, worum es geht. Die Dynamik von Gleichaltrigengruppen verstärkt noch diese Einstellung, genauso wie sie manchmal die Unterrichtsbeteiligung der Schüler in einer Klasse hemmt.

Als ich über die Sache nachdachte, fiel mir auf, dass meine spontane Wahrnehmung der Situation auf einer impliziten Aufgabenteilung beruhte: Für das französische Empfinden ist es nicht die Aufgabe aller, auf die anderen aufzupassen. Es ist die Aufgabe der *Polizei*, von Spezialisten, die dafür ein Monopol haben, und nicht die Aufgabe der einfachen Bürger. Leute, die andere überwachen, wenn es nicht ihr Beruf oder ihre explizite Aufgabe ist, sind *Spitzel*. Es sind Leute, die sich in Dinge einmischen, *die sie nichts angehen*. Offensichtlich teilte dieser kleine Junge meine implizite Aufgabenteilung nicht.

*Rapporter* lässt sich nicht genau mit dem Wort *petzen* übersetzen. In *petzen* liegt die Intention des Schadens. *Rapporter* heißt einfach, etwas unaufgefordert der *Obrigkeit* (Lehrer, Eltern u. a.) zu melden, eventuell mit der Absicht zu schaden – aber nicht unbedingt. Was in *rapporter* stigmatisiert wird, ist vor allem die als unehrenhaft empfundene Zusammenarbeit mit der Machtinstanz. Unabhängig von ihrem Inhalt ist diese Kollaboration eine unschöne Angelegenheit. Hier findet sich auch wieder eine typisch französische Haltung: Das Individuum verweigert sich der Identifikation mit der gemeinsamen Ordnung (und will sich gegen sie behaupten). Die deutsche Haltung hingegen legitimiert die Identifikation und die Zusammenarbeit mit der gemeinsamen Ordnung. In diesen verschiedenen Richtungen werden auch jeweils die Kinder erzogen.

Beide Haltungen haben ihre Vor- und Nachteile. Das Französische, »ich mische mich nicht ein; es ist nicht mein Job, mit der Obrigkeit zusammenzuarbeiten«, kann eine Form der Diskretion und des Respekts vor dem Privatleben sein. Es kann aber auch in ein mafiaartiges Schweigegesetz ausarten und dazu führen, dass man sich weigert, Hilfe zu leisten, oder Kriminelles zu melden. Das gleiche implizite Verbot hindert z. B. Jugendliche, die von Gleichaltrigen erpresst oder misshandelt werden, sich einem Lehrer oder einer anderen verantwortlichen Person anzuvertrauen. Die andere Haltung, die Transparenz und Zusammenarbeit fordert, kann hingegen Ausdruck von Gemeinsinn und manchmal sogar von Mut sein. Als starke Identifikation mit dem Gemeinwesen kann sie aber auch manipuliert werden und in Denunziation ausarten. Das ist in diktatorischen Regimes der Fall gewesen.

Diese unterschiedlichen Einstellungen erklären vielleicht einen weiteren Aspekt des tiefgeprägten Stereotyps der obrigkeitsverfallenen – wenn nicht sogar denunziationswilligen – Deutschen. Die leichtere deutsche *Einmischung* wird schnell von den Franzosen (und auch von anderen) als ein Hang zur Denunziation interpretiert.

Jeder Mensch wird von seiner Ursprungskultur mit spontanen Vorstellungen von richtigem Verhalten versehen. Zwischen den Extremen, die Recht und Moral überall missbilligen, gibt es nichteindeutige Fälle. Zwar liefern die deutsche und die französische Kultur spontane Handlungsmuster. Diese sind aber in komplexen Situationen überfordert: Wann ist es gerechtfertigt, strafbares oder kriminelles Verhalten zu melden – oder einem Erwachsenen zur Kenntnis zu bringen, wie in meinem häuslichen Beispiel – und wann ist es Denunziation? Wann ist Schweigen Gold, wann ist es Schuld? Auf diese Fragen gibt es derzeit weder in Deutschland noch in Frankreich einfache Antworten. In beiden Ländern gibt es öffentliche Debatten – über Transparenz in der Politik, über das Privatleben und die Vergangenheit von Politikern, über die Finanzierung der Parteien usw., die Raum für Interpretation zulassen. Was kann die berufliche Schweigepflicht (von Ärzten, von Geistlichen u. a.) decken und was nicht?[71] In beiden Gesellschaften wird erneut darüber nachgedacht, wie das Verhältnis zwischen Privatem und Öffentlichem sein soll, zwischen dem notwendigen Schutz des Individuums und der nicht weniger wünschenswerten Transparenz, die zu einer demokratischen Gesellschaft gehört.

Zum Schluss möchte ich noch einen Kommentar zitieren, der in *Le Monde* erschienen ist, als die Affäre der schwarzen Kassen bei der CDU aufkam. In diesem Artikel kommt eine klassische französische Haltung zum Thema Transparenz versus Geheimnis zum Ausdruck. Obgleich er von der öffentlichen Meinung dazu aufgefordert wurde, weigerte sich Helmut Kohl, die Namen seiner Geldgeber zu nennen. Im Artikel wurde die Forderung der deutschen Medien und Öffentlichkeit nach Transparenz kritisiert: Wenn er dem Druck nachgegeben hätte, hätte sich Kohl – laut dem französischen Journalisten – einer naiven, für die protestantischen und nordeuropäischen politischen Kulturen typischen Forderung nach Transparenz gebeugt. Das Schweigen sei weiser, der Staatsraison gemäßer und außerdem typisch für die reifere politische Kultur der südlichen Gesellschaften. Dem Autor sei die Verantwortung für ein solches kategorisches Urteil überlassen. Interessant fand ich jedoch, dass dieses mit *kultureller* Charakterisierung untermauert wird.[72]

## Spontane Einstellungen zum Politischen

Von großer Politik wird hier nicht die Rede sein. Über Pateipro-
gramme, Wahlergebnisse, Regierungen sollen kompetente Politologen schreiben. Aus der Perspektive des Vergleichs interessiert
mich eher der unsichtbare Teil des Eisbergs – nicht das politische
Geschehen, sondern die Werte und Einstellungen, die unsere
spontane politische Wahrnehmung lenken. Politische Menschen
sind wir alle, auch diejenigen, die sich nicht explizit *für Politik*
*interessieren.* Die kulturellen Handels-, Denk- und Wahrneh-
mungsmuster, mit deren Hilfe wir in diesem Bereich spontan
fühlen, sind in Frankreich und Deutschland nicht ganz diesel-
ben. Sie wurzeln in beiden Ländern in unterschiedlichen kollektiven Erfahrungen. Daher gibt es eine weitere Gelegenheit, Verhalten und Positionen des anderen aus der eigenen Sicht jeweils
falsch zu interpretieren.

In Deutschland kaufen manche Leute keine Glühbirnen einer
bestimmten Marke, da der Hersteller im Nebengeschäft Atom-
reaktoren baut. In Frankreich, wo 70 % des Stroms sowieso aus
Atomkraftwerken kommt, scheinen solche Boykotts absurd. Keiner glaubt daran. In ihrem Buch *Das deutsche Glück* berichtet die
französische Beobachterin Pascale Hugues mit ironischem Tonfall von einer feministischen Atomgegnerin, die eine Glühbirne
der besagten Firma ins Regal zurücklegt und woanders eine politisch korrekte Glühbirne kaufen geht.[73] Pascale Hugues beschreibt insgesamt mit großer Empathie deutsches Alltagsleben.
Hier aber kann auch sie sich nicht die Ironie verkneifen.

Meine Freundin A. hat in Münster an einer Aktion gegen
Hundekot teilgenommen: Hundekot beeinträchtigte die Lebensqualität erheblich – vor allem die von kleinen Kindern, diesen
unfreiwilligen Opfern großstädtischer Lebensverhältnisse; Hundekot im Park gehe uns alle an; zwar gebe es gravierendere

Probleme wie z. B. Arbeitslosigkeit oder Rentenform, aber diese bescheidenen Probleme sind ebenfalls wichtig ... Die Aktion bestand daraus, in die Hundehaufen, die den zentralen Rasenplatz eines Parks zierten, gelbe Fähnchen zu stecken, auf denen stand: »Wir finden es Scheiße«. Das Blühen der kleinen gelben Fahnen auf dem Dreck hatte einen guten Effekt. Zwar wissen wir nicht, ob die Hundehalter sofort angefangen haben, wie in Amerika (unter Androhung einer Strafe von 100 Dollar), hinter ihren Hunden sauber zu machen. Aber da sich die Aktion in mehreren Stadtteilen wiederholte, berichtete zumindest die lokale Presse davon. Eine solche Aktion ist in Frankreich undenkbar ...

Meine Nachbarn kaufen ihr Gemüse nur ausnahmsweise im Supermarkt. Sie gehen lieber in ein Reformhaus oder in einen Bioladen, wo es auch *fairen* Kaffee aus Nicaragua und Olivenöl aus einer selbstverwalteten Kooperative in Andalusien sowie Eier von glücklichen Hennen gibt. Eine andere Freundin von mir kauft, wo es ihr gefällt, aber niemals Erdbeeren aus Chile im Februar (»kannst du dir das vorstellen, wie viel Liter Kerosin und welcher Konditionierungsaufwand nötig sind, damit die Früchte heil auf deinem Teller landen, wo man doch warten kann, bis die hier reif sind«); grüne Bohnen aus Kamerun kauft sie auch nicht (»einzig und allein für den Export angebaut, auf den besten Böden und zum Nachteil der dort lebensnotwendigen Landwirtschaft, mit einem unverantwortlichen Wasserverbrauch; darüber kann ich dir ein Buch empfehlen«); ebenso keine geschnittenen Blumen aus dem Blumengeschäft (»die Rosen, die abends von den Indern in den Restaurants verkauft werden, kommen oft aus Afrika oder Südamerika«).

»Diese Geschichte vom politisch korrekten Kaffee«, sagt mir eine französische Freundin, der ich die Regeln des fairen Verbrauchs zu erklären versuche, »ist schwachsinnig. Damit kaufen sich die Leute nur ein gutes Gewissen.« Dagegen argumentiere ich, dass das gute Gewissen – wenn überhaupt – nur eine Konsequenz des fairen Handels ist. Dass eine solche Aktion eine Wirkung haben könnte, ist nicht ausgeschlossen. Weiterhin suspekt findet sie die Leute, »die es um des guten Gewissens willen machen.« »Und dann diese Geschichten von ›glücklichen Hühnern‹, das ist noch suspekter. Diese Liebe zur Natur und zu Tieren, das ist zweifelhaft«. Ich entgegne, die Eier und das Fleisch seien besser. Sie besteht darauf, dass die Motive die falschen seien.

Meine Freundinnen A. und St., die sehr gläubig und sehr engagiert in der Stadtteilarbeit sind, haben vor kurzem eine ansehnliche Summe, die sie geerbt hatten, bei der Ökobank angelegt und Agrarrohstoffaktien gekauft. Zwar gibt es in Frankreich solche Möglichkeiten auch, in meinem Bekanntenkreis kenne ich aber niemanden, der sein Geld so anlegt.

Zwar wurden in Frankreich südafrikanische Orangen zur Zeit der Apartheid boykottiert, aber seitdem gab es keine bedeutende Boykott- oder Kollektivaktion dieser Art mehr. Die Leute zweifeln grundsätzlich an ihrer Wirkung und lassen es lieber sein. Sie halten sich auch lieber zurück, als sich naiv zu zeigen.


### Eine andere Definition des Politischen

Gemeinsamer Nenner dieser unterschiedlichen Einstellungen ist ihre implizite Definition des Politischen.

Politisch ist in Frankreich weithin alles, was mit der Eroberung, Ausübung und Kritik der Macht sowie mit Arbeitsverhältnissen zu tun hat. Für diese traditionelle Auffassung sind bestimmte Themen, wie etwa Umwelt, Lebensqualität, Essen, Wohnen, Luft nie wirklich *politisch* gewesen. Sie sind höchstens für die Zivilgesellschaft relevant, aber eben nicht *politisch*. Dass die Zivilgesellschaft spontan nicht als *politisch* angesehen wird, ist für dieses Verständnis von Politik typisch. Deshalb wird manchmal das *Verschwinden* des Politischen in Frankreich beklagt. Demnach würde sich die Gesellschaft mit Problemen befassen, die nicht politisch sind. Lange Zeit haben sich Parteien und Regierungen mit solchen Themen schwer getan. In Deutschland hingegen sind sie in die Programme aller Parteien und Regierungen durch und durch integriert. In Deutschland hat man die 68er Idee, dass *alles politisch* sei, wörtlicher genommen: die Qualität des Gemüses und der Luft, der Verkehr, das Wohnen ... Der Gegenstand von Politik ist demnach allgegenwärtig. Er kann minimal und nahe sein, da alles, insbesondere der Alltag, politisch ist.

### Neue politische Themen

In Deutschland war die Öffentlichkeit für diese neuen politischen Themen schon sehr früh empfänglich. Zu diesen neuen Themen gehört auch, dass sie in direktem Zusammenhang mit dem Alltags- und Privatleben der Individuen stehen, und nicht nur mit Arbeitsverhältnissen, wie es der Fall für die traditionelle Politikauffassung war. Für Frankreich ist das Festhalten an der alten Definition des Politischen (unter Ausschluss der neuen Themen) durch die massive und anhaltende Arbeitslosigkeit erklärt worden: Sie habe die Menschen daran gehindert, sich für neue, aus der Zivilgesellschaft kommende Themen zu öffnen.[74] Dass wir alle von einem defekten Reaktor bestrahlt werden könnten, hat bis jetzt in Frankreich der breiten Schicht der Bevölkerung nie zu schaffen gemacht. In Deutschland schon. Dass Eier von *glücklichen Hühnern* auch besser für die Konsumenten sein könnten oder man durch fairen Handel etwas bewegen könnte, will man nicht wirklich glauben.

## Andere Protestformen

Laut Umfragen ist das Protestpotential der Gesamtgesellschaft in Frankreich höher. Dabei ist es in Deutschland eher möglich, breite Teile der Öffentlichkeit für die *neuen* Themen zu mobilisieren. Die Aufnahme solcher Themen in die politische Debatte seit den 1970er und 1980er Jahren geht mit neuen Aktions- und Protestformen einher: Boykotts, gezielter Konsum, Märsche, große Versammlungen. Manche Aktionen können spektakulär sein – wie etwa die Castor-Blockaden bei ihrer Rückkehr aus La Hague. Manchmal handelt es sich aber auch um minimale, private Gesten: ein Produkt boykottieren, öffentliche Verkehrsmittel benutzen, oder seine Geschwindigkeit auf der Autobahn freiwillig beschränken, um die Luftverschmutzung zu verringern. *Freiwillig 100 auf der Autobahn. Der Umwelt zuliebe!* Wahrscheinlich hat sich niemand daran gehalten – in einem Land, das eine sehr starke Autolobby hat und die besten Autos baut ... Aber das Motto konnte formuliert werden, ohne dass alle es lächerlich fanden. Dies wäre in Frankreich undenkbar.

In Frankreich wurde in den letzten Jahren über die Berechtigung von Boykotts und ähnlichen Aktionen nachgedacht. Nicht selten wurden sie prinzipiell als ineffektiv kritisiert. In Deutschland werden solche Maßnahmen von den Konsumenten ernster genommen, selbst wenn Boykott-Aktionen wahrscheinlich ohne große wirtschaftliche Wirkung bleiben. An die Bedeutung solcher *kleinen* Aktionen will man schon glauben, und sei es wegen ihres symbolischen Wertes – oder auch um des Gefühls willen, der moralisch Saubere zu sein ...

In Deutschland ist der Protest allgegenwärtiger, ins Alltagsleben, sogar ins Familienleben integriert: Zu einer Demonstration bringt man seine Kinder im Kinderwagen mit. Kinder waren bei allen Lichterketten nach den Attentaten gegen türkische Familien oder Ausländerheime dabei. Diese Gesten sollen eine Kontinuität mit dem Alltagsleben zeigen.

Wenn auch manche Protestaktionen spektakulär gewesen sind, so sind sie doch immer im juristisch nicht anfechtbaren Rahmen geblieben. In diesem juristisch korrekten Verhalten und in der expliziten Sorge, das Gesetz mit in Betracht zu ziehen (selbst wenn dies zu paradoxen Ergebnissen führen kann), gibt es eine Form von Bürgersinn, die z. B. im Widerspruch zu dem Charakter des kollektiven Befreiungsschlages während einer Aktion von französischen Bauern steht.

## Betroffenheit

Es gibt im Französischen keine genaue Übersetzung für *Betroffenheit*. Zwar könnte man von öffentlichen Emotionen sprechen, wenn etwas Außergewöhnliches passiert. Diese Emotionen sind aber kein politischer Begriff. Die deutsche Betroffenheit erscheint sogar einem französischen Beobachter suspekt: »Wenn ich während meines Aufenthaltes in Deutschland etwas gelernt habe, dann ist es das, dass ich dieser Betroffenheit wie der Pest misstraue; sie zwingt sie, sich für alles Unglück der Welt verantwortlich zu fühlen. Es ist nicht gut, ein weißer, reicher und recht gut lebender Mann zu sein in einer Gesellschaft, die diese Qualitäten an den Pranger stellt. Es ist schade, denn es sind genau die Leute, die eine solche Moralordnung predigen, die mir ideologisch am nächsten stehen, die einen biografischen Parcours gemacht haben, der meinem sehr gleicht.«[75] Aus der Feder eines französischen, der 68er Generation angehörenden Pressekorrespondenten bringt diese Kritik den Unterschied der zwei politischen Kulturen sehr gut zum Ausdruck. In einer Hinsicht wird das *schlechte Gewissen des weißen Mannes* samt allen weiteren Erscheinungsformen der *political correctness* an den Pranger gestellt. Die Kultur der *political correctness*, wie sie aus den USA bekannt ist, sei sentimental und unreif. Außerdem fuße sie auf schlechtem Gewissen.[76] Zur Kritik der *political correctness* gehört auch die Kritik der *guten Gefühle* und der Moral, die heute die politische Vernunft ersetzen würden. Somit wird in Frankreich heute das *Verkümmern der Politik* oft als Erklärung herangezogen. *Humanitäre* Aktionen seien ein gutes Beispiel für diesen (typisch amerikanischen!) Politikersatz: Die Kultur der Betroffenheit würde die politische Vernunft durch moralisch gute Gefühle ersetzen.

Die deutsche politische Kultur der Nachkriegszeit stigmatisiert die emotionale Grundlage politischer Einstellungen nicht als prinzipiell unreif oder irrational. Vielmehr betrachtet sie sie als erstes Stadium des ethisch-politischen Bewusstseins. Demnach wäre im Gegenteil Betroffenheit der Zugang zum Politischen. Wie schon viele Aspekte des deutschen zeitgenössischen Verhaltens, wurzelt dieser Aspekt der politischen Kultur in einer psychopolitischen Analyse der Nazivergangenheit. In *Erziehung nach Auschwitz* wies Adorno darauf hin, dass das Menschenideal der Nazis Emotionen und Gefühle verdrängte: »Das gepriesene Hart-Sein, zu dem da erzogen werden soll, bedeutet Gleichgültigkeit gegen den Schmerz schlechthin. Dabei wird zwischen dem eigenen und dem anderer gar nicht einmal so sehr fest unterschieden. Wer hart ist gegen sich, der erkauft sich das Recht, hart auch gegen andere zu sein, und rächt sich für den Schmerz, dessen Regungen er nicht zeigen durfte, die er verdrängen musste. (...) Der manipulative Charakter (der Nazi-Chefs) zeichnet sich durch Organisationswut, durch Unfähigkeit, überhaupt unmittelbare menschliche Erfahrungen zu machen, durch *eine gewisse Art von Emotionslosigkeit*, durch überwertigen Realismus«.[77] Für das deutsche Empfinden, das indirekt dem Wirken Adornos sehr viel verdankt, wäre das Verdrängen der Emotionen und der Betroffenheit suspekt: Damit wäre die erste Form moralischen Bewusstseins im Kern erstickt.

So sehr Gefühle in der Politik in Frankreich suspekt sein können (und mit gefährlicher Naivität gleichgesetzt werden), so sehr ist die französische Kritik am Eindringen von Moral und guten Gefühlen in die Politik für die Deutschen unverständlich: Für sie führte der Weg zur Demokratie nach 1945 über die Zurückeroberung des Politischen mittels der Moral. Auch der Begriff der Staatsräson ist in Deutschland endgültig kompromittiert. Um das Gleiche mit der Begrifflichkeit von Max Weber zu formulieren, könnte man sagen, dass die Franzosen von der Überlegenheit der »Verantwortungsethik« überzeugt sind, wohingegen die Deutschen die »Überzeugungsethik« als unabdingbar für die ethische Dimension von Politik betrachten.

Diese historischen Hintergründe erklären die unterschiedlichen Einstellungen. Sie bedeuten aber nicht, dass die Betroffenheitskultur nicht ihre Grenzen hätte – die man in Deutschland nicht so recht wahrnehmen will.

### Demokratie und Zivilgesellschaft

Die Zivilgesellschaft ist das Stiefkind der französischen politischen Kultur. Manchmal wird der Begriff sogar abwertend gebraucht. Als sei die Zivilgesellschaft ein Dschungel, in dem partikulare Interessen (Lobbys!) untereinander um Macht und Anerkennung ringen. Ihr sei der politische Raum – der Staat, der ihn verkörpert und organisiert – überlegen. Dem Staat allein wird zugetraut, im Sinne des Gemeinwohls handeln zu können. Der Zivilgesellschaft hingegen droht die Balkanisierung der widersprüchlichen Interessen.[78]

Aus deutscher Sicht ist dieser französische Diskurs, der ein *Verkümmern der Politik* überall dort wittert, wo sich der allgemeine Wille nicht in einer noblen jakobinischen Einstimmigkeit manifestiert und die Zivilgesellschaft sich vom Staat emanzipiert, sicherlich unverständlich. Neben dem Staat räumt hingegen die politische Kultur des Nachkriegsdeutschland der *Öffentlichkeit* (wie sie insbesondere durch Habermas theoretisiert worden ist) eine wichtige politische Dimension ein. Die öffentliche Gewalt (der Rechtsstaat) schafft u. a. die Bedingungen für eine demokratisch funktionierende Zivilgesellschaft, die sich aber autonom gestaltet. Die Zivilgesellschaft ist demnach auch ein politischer Raum.

Etwas zynisch erscheint wahrscheinlich aus deutscher Sicht auch die gängige französische Kritik des die Politik verderbenden *Moralismus*. Diese Kritik läuft letztendlich auf eine Verteidigung der Staatsräson hinaus. Dabei ließe sich die ganze Nachkriegsgeschichte Deutschlands in der Überzeugung zusammenfassen, dass nie mehr im Namen der Staatsräson Verbrechen begangen werden dürfen. Viel mehr als das französische steht das deutsche politische Bewusstsein dem Begriff der Staatsräson kritisch gegenüber: Die Staatsräson ist kein Zweck an sich; auch sie ist einer Kontrollinstanz zu unterwerfen.

### Lieber etwas tun als gar nichts

Ein mentales Szenario beherrscht deutsche Überzeugungen und Engagements: Nach dem Muster der Befragung der *Väter* durch die Nachkriegsgeneration (»Du wusstest vom Schrecken des Dritten Reiches und du hast nichts dagegen unternommen«) stellt sich der Mensch die Frage, die seine Kinder ihm später stellen werden: »Du wusstest von der Zerstörung unserer Lebensbedingungen, von Tschernobyl, vom Hunger in der Welt, vom Waffenhandel, von der Kinderprostitution usw. Warum hast du nichts dagegen unternommen?« Dieses mentale Szenario ist die implizite Ursache vieler Protestäußerungen oder -haltungen. Dieser Protest kann manchmal reinen Bekundungscharakter haben. Jeder Mensch unterliegt der moralischen Verantwortung, seinen Dissens zu äußern.

Der Druck dieses mentalen Szenarios erklärt vielleicht den größeren Erfolg bestimmter *neuer* Protestformen, wie z. B. Boykotts, selektiver Konsum oder ostentatives Verhalten. Meistens rechtfertigen die Franzosen ihre Verweigerung solcher Aktionen im Namen des Realismus (»Du glaubst doch wohl selbst nicht, dass das etwas bringt!«): Vor allem nicht naiv sein! Das kann aber auch in Fatalismus münden. Die rhetorisch Geschicktesten bringen das unschlagbare Gegenargument, »das ist doch nur, um ein gutes Gewissen zu haben«, als sei es schlimm, den Empfehlungen seines Gewissens zu folgen. Dies ist wiederum in der deutschen Logik sehr paradox ... Bei der Bewältigung ihrer Geschichte haben die Deutschen gelernt, dass das Versagen in solchen Dingen zum Schlimmsten führen kann. Zwar mag dieses Verantwortungsgefühl in seiner Sorge um all das Unglück in der Welt im Verhältnis zu seinen Ergebnissen pathetisch erscheinen (so wirkt es unweigerlich auf französische Gemüter). Es ist jedoch eine sehr *politische* Haltung – im eigentlichen Sinne des Wortes *politisch*.

In seinen Überlegungen zu Ulrike Meinhofs Lebensweg hat der französische Anthropologe Emmanuel Terray diesen Drang des *Zur Tat Schreitens* aufgezeigt. Demzufolge muss etwas getan werden und keiner darf passiv bleiben: »Ulrike Meinhof war mehr und mehr von der Herausforderung des Zur Tat Schreitens beseelt. (...) Die Erinnerung spielt hier eine entscheidende Rolle: Ulrike Meinhof will nicht, dass man ihr in Zukunft diese Passivität vorwirft, derer man die deutsche Linke der 1930er Jahre bezichtigen konnte und die den Sieg Hitlers begünstigte. ›Genauso wie wir unsere Eltern zu Hitler gefragt haben, werden wir über Franz-Josef Strauß befragt werden‹, schreibt sie 1966. Kurz vor ihrem Tod wünscht sie noch, dass sie sich über die neue deutsche Geschichte nicht mehr schämen müsse.«[79] Der Tatendrang mündete in diesem Fall in Terrorismus. Ich meine ihn in diskreterer Form in einer Menge kleiner Gesten weiterhin zu spüren, sei es nur manchmal in einem gewissen dreisten und resoluten Tonfall.

## Demokratische Tugenden

Montesquieu dachte, dass jeder Regierungsform ein bestimmter Trieb bei den Bürgern entspricht, ohne den die besagte Regierung zum Scheitern verdammt ist. So meinte man im Nachkriegsdeutschland, die Demokratie erfordere – über Institutionen hinaus – einen bestimmten Menschentypus. Dies lehrte die Analyse gescheiterter demokratischer Versuche in der Vergangenheit: Die Bürger seien nicht demokratiefähig gewesen.

Im Nachkriegsdeutschland wurde der demokratische Bürger als das Gegenteil des *Mitläufers* definiert. Der Passivität des Mitläufers steht die Protestfähigkeit des demokratischen Bürgers gegenüber; der Feigheit des einen die Zivilcourage des anderen; dem Gruppenzwang die Fähigkeit zu einem autonomen Verhalten (»die Kraft, nicht mitzumachen«, sagte Adorno[80]); der *autoritären* und damit auf Folgsamkeit ausgerichteten Erziehung die liberale und zur Verantwortung führende Erziehung. Dazu kommen noch Toleranz und Offenheit für das, was anders ist.

Jedes Land ist über eigene historische Erfahrungen zur Demokratie gekommen. In Frankreich – wie auch in den USA – etablierte sich die Demokratie zur Überwindung der Ständegesellschaft. Daher ist es zunächst die *Gleichheit*, die spontan mit Demokratie assoziiert wird. In Deutschland ist die Demokratie aus der Überwindung des Totalitarismus heraus entstanden. Deshalb verbinden sich mit ihr zunächst antitotalitäre Werte und Verhaltensweisen.

Diese deutsche Auffassung des demokratischen Bürgersinns ist ehrgeizig – zumindest in ihrer Formulierung. Ihr Verdienst ist auch, dass sie sich in sehr konkreten Handlungsformen ausleben und umsetzen lässt. Wenn es in der U-Bahn Angriffe auf Fremde oder Frauen gegeben hat, wird in der Presse der Mangel an *Zivilcourage* der anderen Passanten beklagt. Indem man bedauert, dass keiner den Mut hatte einzugreifen, werden Maßstäbe gesetzt:

Verantwortliche und mutige Mitbürger hätten sich so und so verhalten sollen. In Frankreich würde man nicht daran denken, den Mangel an Zivilcourage und Solidarität der anderen Passanten explizit zu beklagen. Zivilcourage hat übrigens im Deutschen ein stark historisch-politisches Konnotat: Derjenige, der Zivilcourage hat, ist genau das Gegenteil eines Mitläufers; er ist jemand, der eher persönlich eingreift als der Versuchung des Mitlaufens oder des Wegschauens zu erliegen.

Einen großen Unterschied sehe ich auch in der Art und Weise, wie diese demokratischen Tugenden den jüngeren Generationen vermittelt werden. Zwar beschweren sich in Frankreich einige Leute über den Verlust an Bürgersinn, auch sind sich alle darüber einig, dass die Schule ihn ausbilden sollte. Wenn es aber darum geht, dieses schöne Vorhaben in die Praxis umzusetzen, scheint es mir jedoch charakteristisch, dass alle Vorschläge, aus den Kindern mündige Bürger zu machen, sehr abstrakt bleiben (wenn es um mehr geht, als den Kindern wieder die *Marseillaise* beizubringen, wie Chevènement es einst vorschlug). Bereits in der Grundschule (ohne von dem zu sprechen, was nachher folgt) sind die Lehrpläne für Staatsbürgerkunde lediglich auf Wissensinhalte hin konzipiert – im Wesentlichen auf die Kenntnis von Institutionen. Das Verhalten in der Schulgemeinschaft wird damit nie in Verbindung gebracht. Daher versteht sich, warum wenig im Kopf hängen bleibt. Mit seiner bescheidenen, aber konkreten Früherziehung zur partizipativen Demokratie und zum Bürgersinn der kleinen Dinge tut Deutschland in der Tat mehr für die Bürgertugenden der jungen Generationen.

## Unterschiedliche 68er Wege

Das mentale Werkzeug, das ich eben beschrieben habe, ist das der nach 1945 geborenen Generation, der 1968er Generation im weitesten Sinne, sagen wir der Leute, die zwischen 1945 und Anfang der 1960er Jahre geboren sind. Diese Generation ist momentan am Ruder – beruflich, aber auch politisch. Es ist auch die Generation, die jetzt ihre Kinder großzieht und dementsprechend ihre Werte weitergibt (in Europa hat sich das Alter des Elternwerdens überall erhöht, aber in Deutschland ist es besonders hoch). Diese Generation versteht sich als die, die mit den Werten und Verhaltensformen der Kriegsgeneration einen Bruch gewollt und vollzogen hat.

Dieses mentale Werkzeug hat sich auf die Gesamtgesellschaft ausgedehnt. Je nach Alter und sozialer Schicht ist es mehr oder weniger ausgeprägt. Charakteristisch ist z. B. das Verhalten einer gewissen akademischen Mittelschicht mit ansehnlichem Einkommen. Relativ spät haben ihre Vertreter eventuell ein oder zwei Kinder in die Welt gesetzt, die sie bevorzugt in einen selbstverwalteten Kindergarten geben, bevor sie sich ernsthaft fragen, ob sie sie in eine Waldorf- oder in eine Montessori-Schule schicken. Sie bevorzugen nachhaltigen Tourismus, gestehen aber, einmal auf den Kanarischen Inseln oder in der Türkei ihre Ferien verbracht zu haben (»es war nicht so teuer, verstehst du, und mit den Kindern war es praktisch, sie konnten während der Osterferien baden«); sie fahren Fahrrad in der Stadt, besitzen nichtsdestoweniger ein Auto, kaufen mit Vorliebe im Bioladen oder in einer Food Coop, aber auch nicht nur dort; sie engagieren sich im lokalen Leben, als Elternvertreter, in einem Verein usw. Ihre Denkschemata, die vor 30 Jahren *alternativ* waren, sind heute *Mainstream* geworden. Alle Parteien von links nach rechts haben die Themen und die Begrifflichkeit übernommen, die sie in die öffentliche Debatte eingebracht haben. Der Erfolg der einstmaligen deutschen Alternativbewegung lässt sich nicht am – in den letzten Jahren prekären – Wahlergebnis oder an der Regierungsbeteiligung der grünen Partei messen, sondern an der Tatsache, dass es ihnen in 20 Jahren gelungen ist, Ideen durchzusetzen, die damals den Rest der politischen Klasse zum Lachen gebracht haben – wie sie es in Frankreich weiterhin tun.

In beiden Ländern hat die so genannte 1968er Generation ihren Weg in die Unternehmen, Universitäten und politischen Parteien gefunden. Von Frankreich aus gesehen, erscheint die deutsche 68er Generation moralischer und spartanischer; von Deutschland aus erscheint dagegen die französische 68er Generation zynischer. Die letztere scheint sich früher (schon in den 1980er Jahren) von dem politischen Radikalismus der 1960er und 1970er Jahre entfernt zu haben. Von 1968 ist in Frankreich hauptsächlich die Modernisierung des Privatlebens übrig geblieben.

Die 68er haben auch die Lebensweisen in Frankreich verändert, aber auf andere Weise. In Frankreich wollten die 68er die Revolution, in Deutschland die Vergangenheitsbewältigung.[81] Gelungen ist den ersten keine weitere französische Revolution und sie haben sich von diesem Ziel relativ schnell verabschiedet. Geändert haben sich aber die Lebensstile: das Verhältnis der Geschlechter, der Generationen untereinander. Das Vermächtnis von 68 liegt paradoxerweise im privaten Bereich.

In Deutschland hat die Vergangenheitsbewältigung stattgefunden – genauer gesagt, Fragen, die bis dahin auf Initiative einzelner Intellektueller gestellt wurden, erreichten die ganze Gesellschaft. Die Vergangenheitsbewältigung hat tiefe Veränderungen hervorgebracht: im Erziehungsbereich z. B., sowohl in den Erziehungsidealen wie auch in den Institutionen.

Dies erklärt, warum die 68er Generation in Deutschland moralisierender wirkt als in Frankreich. Gegen diesen weltverbessernden Moralismus hat Florian Illies in *Generation Golf* den

Anspruch der *Post-68er* auf Hedonismus und bedenkenfreien Umgang mit Geld reklamiert.[82] Interessanterweise hatte in Frankreich die 68er Generation selbst diese Entwicklung schon durchgemacht.

Es fragt sich, ob der von Illies beschriebene Generationswandel tatsächlich einer Pendelbewegung entsprechen wird. Es ist vielleicht zu früh, um zu sagen, ob die heute tonangebenden Verhalten und Werte der 68er Generation durch etwas anderes ersetzt werden. Aus der Außenperspektive aber scheinen diese Verhalten und Werte tiefe Schichten der Kollektivpsychologie erreicht zu haben. Es ist anzunehmen, dass sie noch schöne Tage vor sich haben.

## Individuum und Gemeinwesen

In jedem Fall wird sichtbar, dass die Artikulation zwischen Individuum und Kollektiv sich nicht mehr entlang der Linien vollzieht, die Louis Dumont für das 19. und frühe 20. Jahrhundert gezeichnet hatte. Zwar manifestiert sich im zeitgenössischen Deutschland ein Individualismus, der in der Tradition der *Bildung* steht; zwar kann man gewissermaßen den deutschen Bürgersinn als die moderne Version der Identifikation mit dem Gemeinwesen interpretieren; die Artikulation zwischen den beiden hat sich aber gewaltig geändert. Das Individuum kultiviert nicht mehr seine schöne Innerlichkeit in einem privaten, von der Öffentlichkeit abgekoppelten Raum. Der deutsche Bürgersinn von heute ist nicht länger Synonym für eine passive Akzeptanz der kollektiven Ordnung.

# Ideologien über Natur

Im diesem letzten Kapitel möchte ich einen Topos der französischen politischen Kultur untersuchen, der für unerwartete Missverständnisse verantwortlich ist: Die Natur kann Synonym allen Übels sein. Gemeint sind hier demnach nicht mehr Verhaltens-, sondern Denkmuster, und zwar französische. Manche Begriffe oder Ideen können zu kulturellen Standards werden, wenn sie allgemein genug angewandt werden.

Außerdem ist an diesem Naturmisstrauen interessant, dass Deutschland dabei die Rolle des negativen Beispiels zukommt: Deutschland wäre die historische Inkarnation einer schlimmen Naturverfallenheit. Die unterschiedlichen Phasen seiner Geschichte zeigen, zu welchen ideologischen und politischen Irrungen eine unkontrollierte Naturliebe führen kann.

Die französische systematische Naturkritik gehört zum neorepublikanischen Ideenpool. Aus den Aschen des Marxismus ist die republikanische Ideologie wieder auferstanden und fungiert seit ca. 20 Jahren als Leitideologie. Sie ist von links nach rechts der gemeinsame Nenner der heutigen politischen Kultur. Für diesen republikanischen Humanismus ist die Natur ein Dschungel, in dem das Gesetz des Stärkeren herrscht. Wer das Gesetz der Natur propagiert, ist ein Sozialdarwinist. Mit dem Natur-Argument wurde das Schicksal der Frauen als Mütter und Hausfrauen gerechtfertigt (da es ihrer Natur entspräche). Die Idee einer Natur der Völker führte zum *Kommunitarismus* und darüber hinaus zur ethnischen Säuberung ... Dieser Diskurs projiziert auf den Naturbegriff alles, was verabscheut wird: Die Natur sei die Mutter aller Inhumanität und Barbarei, sie sei das, was Gesellschaften seit eh und je bekämpfen – kurz, das Tier in uns. Die so stigmatisierte Natur ist freilich nicht die der Philosophen, nicht die der

Schriftsteller, Maler und Spaziergänger, ja, noch nicht einmal die der Umweltschützer. Es handelt sich um eine Ad-hoc-Ne-gativ-konstruktion, die breit genug ist, um alles aufzunehmen, wogegen sich der republikanische Diskurs definiert.

Es ist zum neuen Glaubenssatz geworden: Derjenige, der Natur und Tiere liebt, hasst Menschen. Natur kann man nur auf Kosten der Menschen lieben und schützen. So lautete die These von Luc Ferrys Buch *Le nouvel ordre écologique*[83], das in allen ökologischen Strömungen – sowohl bei den deutschen Grünen wie auch in der amerikanischen *Deep Ecology* – Antihumanismus und Menschenfeindlichkeit wittert. Als ultimativer Beweis werden die Nazis angeführt, die für die Natur geschwärmt und sogar Umweltschutzmaßnahmen getroffen, andererseits aber sechs Millionen Juden massakriert haben.

Dieses Buch ist über 15 Jahre alt und blieb nicht ewig auf der Bestsellerliste. Inzwischen hat Luc Ferry andere Bücher geschrieben und ist seit den Wahlen vom Frühjahr 2002 Erziehungsminister der Raffarin-Regierung. Er ist auch ein guter Vertreter dieser Besinnung auf die Werte der Französischen Revolution und der 3. Republik. Außerdem ist sein Buch damals in politischen Zirkeln (sowohl rechts wie auch links, insbesondere bei der französischen sozialistischen Partei) viel gelesen und als eine Legitimation der französischen Zurückhaltung im Bereich der Umweltpolitik rezipiert worden. Umweltpolitische Anliegen seien nämlich *unpolitisch* und vor allem ideologisch suspekt. Ferry lieferte Argumente, um hinter dem grünen Mantel das braune Herz ans Licht zu bringen.

### Der Missbrauch der historischen Erklärung

Ferry gründet seine Argumentation auf der Verabschiedung von Naturschutzgesetzen im Dritten Reich.[84] Er erwähnt auch Bücher von Walther Schoenichen, Professor für Naturgeschichte in Berlin und NSDAP-Mitglied.[85] Daraus schließt Ferry auf die Existenz einer *Naziökologie*, deren Wurzeln in der Naturphilosophie der Romantik lägen. Die Grünen und ihre Meisterdenker seien die jüngste Erscheinungsform dieser deutschen ideologischen Linie.

Die von Ferry praktizierte Ideengeschichte ist hoffnungslos deterministisch: Spätere Entwicklungen werden als notwendige Ergebnisse der Vergangenheit interpretiert. Louis Dumont hatte schon dieses simple Kausalitätsdenken denunziert:»Man hat die Erklärung durch historische Kontinuität missbraucht. (...) Manche französische Exegeten (...) bringen die deutsche Romantik und den Hitlerismus in eine direkte Verbindung. An der deutschen Kultur und Ideologie kritisieren sie das als ›irrational‹, was von der Aufklärung und ihrer vermeintlichen marxistischen Weiterentwicklung abrückt. Diese Abweichung führe in gerader Linie zum Nationalsozialismus.« Für Dumont ist es»eine parteiliche und einschränkende Interpretation, die schließlich von der Unfähigkeit zeugt, den Nationalsozialismus, aber auch die ›deutsche Ideologie‹ als nationale Variante der Moderne zu verstehen.«[86]

Die Natur, die in *Mein Kampf* gepriesen wird, ist die der Rasse und die des Lebensraumes, alles Begriffe, die dem geistigen Universum der Romantiker vollkommen fremd sind. Dass die Nazis romantisches Gedankengut recycelt haben, stellt an sich kein Urteil darüber dar, was die Romantiker damit meinten. In Bezug auf die Gegenwart führt die Faszination für die vermeintliche Kontinuität zur Denunziation der Beschäftigung mit der Umwelt als ökologischer Fundamentalismus, die den faschistischen Themen der 30er Jahre verwandt sei.[87]

Die NS-Ideologie hat übrigens nicht nur romantisches Gedankengut recycelt. Vielleicht liegt ihre Macht in dieser Assimilationsfähigkeit und Wiederverwertung ideologischer Elemente aus sehr unterschiedlicher, manchmal widersprüchlicher Provenienz. Sie hat die Geschichte und die Tradition in ihre Gewalt gebracht, um sie auf ihre Weise neu zu schreiben; in ihr Programm hat sie Elemente der Moderne einbezogen (Industrialisierung, Autobahnen, Faszination für den Sport, meisterhafter Einsatz moderner Medien usw.). Es gibt eigentlich nichts, das sie nicht für ihre Zwecke instrumentalisiert hätte. In diesem Kontext wird die Fixierung der französischen Wahrnehmung auf die Natur als Wesenszug der NS-Ideologie ihrem Gegenstand nicht gerecht.

Schließlich ist die fundamentale These von Ferrys Werk syllogistisch: Die Nazis liebten die Natur; sie waren kriminell; demnach ist die Liebe zur Natur an sich kriminell und gegen die Menschen gerichtet. Die Tatsache, dass sich die Nazis gleichzeitig für die Umwelt interessierten und das größte Verbrechen der Menschheitsgeschichte begangen haben, heißt aber nicht, dass das eine die Ursache des anderen ist. Das schlecht recherchierte und unaufrichtige Buch von Ferry verdiente nach 15 Jahren keine erneute Aufmerksamkeit, wenn es nicht für einen gewissen Denkautomatismus sehr repräsentativ wäre.

Alain Finkielkraut ist in *La défaite de la pensée* (Die Niederlage des Denkens)[88] in seiner ideengeschichtlichen Methode nicht viel gewissenhafter. Der modernen französischen Staatsbürgerschaft, wie sie die Französische Revolution gewollt und die 3. Republik durchgesetzt hat, stellt er die deutsche, auf ethnischer Zugehörigkeit beruhende Staatsbürgerschaft gegenüber. Während die Revolution die moderne, emanzipatorische (weil auf politischen Willen beruhende) Staatsbürgerschaft proklamiert, »entdecken Herder und die Romantiker entzückt die Volkskulturen«. In der Faszination für die Volkskulturen sieht Finkielkraut ein Vorstadium des Gemeinschaftsideals der Nazis. Herder hätte sie ideologisch vorbereitet.

Dabei ist Herder nicht der erste, der sich für die Vielfalt der Kulturen interessiert. Dies taten vor ihm schon Montesquieu oder Montaigne. Außerdem hat Herder nie behauptet, die Existenz von Kulturgemeinschaften bilde den einzig legitimen Rahmen für politische Gemeinschaften. Für Finkielkraut steht aber fest, dass die Faszination für die Ursprünglichkeit und für das Primitive eine weitere Erscheinungsform der gefährlichen Naturliebe der Deutschen sei. Fest steht auch, dass diese Natur der Feind der Republik sei, der Feind einer künstlichen, von Menschen errichteten Ordnung …

Genauso interpretieren viele aufgeklärte französische Beobachter das ausgeprägte Umweltbewusstsein der Deutschen als einen Atavismus: Es sei Ausdruck eines alten heidnischen Pantheismus und einer irrationalen Naturmystik, die die deutsche Kultur nie wirklich überwunden hätte (Hatten nicht die Nazis alte heidnische Kulte in ihrem Sinn wieder aufleben lassen?). Der vormals erwähnte *Deutschlandspezialist* Michel Meyer meint auch, das ökologische Engagement der Deutschen sei »schrecklich zweifelhaft«: »Man muss die makrobiotischen Gerichte und ähnliche Vollkornspeisen der ›Grünen Khmer‹ geteilt haben, um zu wissen, wie sehr sich diese kontrollieren müssen, um nur *Boden* bei *Blut und Boden* zu lesen.« Der Erfolg der Grünen sei »eine wahre Wiederentdeckung des Germanentums«: »Der deutsche ökologische Messianismus ist von Natur her verdächtig und seine Herkunft noch suspekter. In der Symbiose von Blut und Boden sind auch mittelalterliches Gedankengut und Einflüsse der großen deutschen Mystiker präsent.«[89] Dieses Kontinuitätsdelirium erstreckt sich über mehrere Seiten.

Wo ist aber der Mystizismus, die Rückkehr zu einer gefährlichen Idolatrie, in den Anliegen der 68er Generation? Wieso soll man die Sorge, dass die Welt für alle bewohnbar bleibt, notwendigerweise als traditionalistisch und potentiell faschistisch betrachten?

Es würde übrigens wohl niemandem in den Sinn kommen, den ökologischen Bewegungen in den Niederlanden, Italien oder Spanien faschistische Tendenzen zu unterstellen. Es ist demnach sehr wohl die negative Verbindung von Ökologie mit Deutschland die diese negativen Assoziationen provozieren.

Dass sich die Deutschen früher und intensiver als die Franzosen mit dem Erhalt unserer Lebensbedingungen beschäftigt haben, liegt wahrscheinlich einfach daran, dass ihr Land dichter industrialisiert und besiedelt ist. Außerdem verkennt die französische Interpretation die wahre ethische und politische Dimension der Umweltbesorgnis, dass z. B. Produkte nicht nur für den Konsumenten, sondern auch für den Produzenten ungefährlich sein müssen.

Die französische Assoziation ist jedoch hartnäckig. Zurück zur Natur wird schnell mit *Blut und Boden* gleichgesetzt. Die Natur erscheint unweigerlich als rechts und reaktionär: Das Motto, »weder links noch rechts«, einer der (zersplitterten) französischen ökologischen Parteien sei das sichere Anzeichen der latent faschistischen Einstellungen ihres Anführers; dass der Umweltaktivist René Dumont zu Beginn seiner Agronomenkarriere in einer dem Vichy-Regime verpflichteten Landwirtschaftspublikation geschrieben hat, sei ein weiterer Beweis für die Affinität des Umweltthemas mit einer dubiösen Bodenverbundenheit bzw. Zurückgebliebenheit. Lange galten die Bauern in Frankreich als reaktionär. Von der Reaktion zum Faschismus sei es kein großer Schritt: »La terre ne ment pas« (»Die Erde lügt nicht«) hatte doch Pétain gesagt! Die Verwandtschaft der Natur- bzw. Umweltideen mit einem latenten Faschismus scheint fest etabliert.

Außerdem ist es möglich, dass die Auseinandersetzung der Realos und der Fundis bei den deutschen Grünen in den 1980er Jahren diese französische Sicht bestätigt hat. Ferry sprach von einem »ökologischen Fundamentalismus«. Fundamentalisten sind nun einmal verdächtig.

## *Die deutsche Angst, das Werk der Natur zu beschädigen*

Ich bin oft gefragt worden, warum die Franzosen in Umweltschutzfragen so zurückhaltend sind bzw. waren. Meine Gesprächspartner staunen, wenn sie hören, dass es weniger Gleichgültigkeit als viel mehr eine rational gegründete Ablehnung ist. Sie sind vollends verblüfft darüber, dass die Sorge um die Natur und die Umwelt mit der Nazi-Ideologie systematisch in Zusammenhang gebracht werden kann. Denn in ihren Augen hat der Rassenwahn und die Obsession vom Lebensraum mit der Sorge, eine für alle erträgliche Welt zu erhalten, nichts zu tun. In diesem Anliegen können sie beim besten Willen und schlechtesten Gewissen keine Auferstehung der braunen Pest sehen.

Der Respekt gegenüber der Natur bzw. der Unwille, *in Naturprozesse einzugreifen*, ist ganz im Gegenteil sehr stark mit dem Bewusstsein über die Zerstörungen verbunden, derer sich der Nationalsozialismus schuldig gemacht hat. Exemplarisch für diese Angst, das Werk der Natur zu zerstören, möchte ich ein in meinen Augen sehr charakteristisches Detail erwähnen. In Frankreich gibt es keine Berührungsängste mit den verschiedenen Verfahren der künstlichen Befruchtung. Dagegen haben mir einige ausländische Freundinnen, die in Deutschland gelebt haben und wegen Fruchtbarkeitsproblemen in Behandlung waren, erzählt, dass die deutschen Ärzte lange empfohlen haben, »es noch einmal zu versuchen; es wird schon werden«, wohingegen die daraufhin konsultierten französischen oder amerikanischen Ärzte sofort eine Hormonbehandlung oder andere Maßnahmen vorschlugen. Sie seien von den Vorbehalten der deutschen Ärzte überrascht gewesen. Auch in den europäischen Ethikkommissionen sind die Deutschen notorisch vorsichtig – sicherlich vorsichtiger als die Engländer, aber auch als die Franzosen. Die Angst, das Werk der Natur durcheinander zu bringen, ist nicht, wie man es in Frankreich glauben will, der Ausdruck einer atavistischen reaktionären Neigung. Vielmehr handelt es sich um ein allgemein geteiltes Misstrauen gegenüber allem, was aus der Nähe oder Ferne an die Eugenik der Nazis erinnert.

Diese Angst, das Werk der Natur zu beschädigen, bezieht sich im übrigen nicht nur auf Bäume und aussterbende Tierarten. Die erzieherischen Präferenzen, die ich vorher beschrieben habe, speziell bei Kleinkindern, sind auch von dem Anliegen bestimmt, die *Natur* im Kind – seinen Charakter und seine zukünftige Persönlichkeit – nicht zu deformieren. Merkwürdigerweise sind die Assoziationen zum Naturbegriff in beiden Ländern diametral entgegengesetzt.

Daran zu glauben, dass die Deutschen naturverbunden seien, seitdem Hermann der Cherusker mit seinen Mannen die Wälder Germaniens durchstreifte, ist ungefähr genauso dumm wie die Vorstellung, die kartesianische Vernunft sei den Franzosen angeboren. Ich wüsste jedenfalls nicht, dass sich die Franzosen im Alltag vernünftiger als sonst jemand benehmen.

## Schlussfolgerungen

Dieses Buch habe ich nach einem einjährigen Frankreichaufenthalt (2000 – 2001) zu Ende geschrieben. Damals wollte ich wieder an den französischen Alltag anknüpfen. Ich wollte auch, dass meinen Kindern einiges nicht unvermittelt bleibt: Spiele und Reime vom Pausenhof, eine andere Heftform, ein anderer Tagesrhythmus ...

In diesem Jahr wurde mir auch bewusst, dass das, was ich damals in Deutschland als Unterschiede wahrgenommen hatte, vielleicht keine mehr waren, oder zumindest keine so drastischen Gegensätze mehr. In den 15 Jahren, die ich außerhalb von Frankreich gelebt habe, hatte sich einiges geändert. Dies war auch die Reaktion meiner ersten französischen Leser: »So wie du uns porträtiert hast, sind wir nicht mehr ganz.« So sagte z. B. mein Airbus-Ingenieurfreund (der sich damals gewundert hatte, dass die deutschen Airbus-Mitarbeiter in Toulouse nicht so gerne Überstunden machen): »Die Berufsanfänger von heute, die jungen Leute unter 35, die sind nicht mehr so darauf erpicht, die Karriereleiter hochzuklettern. Sie sind nicht mehr so versessen auf ihre Arbeit wie wir und laufen nicht der Verantwortung hinterher. Bei denen heißt es jetzt nur ›meine Freizeit hier, meine Freizeit da‹«[90]. »Wenn dem so ist, bin ich auch deutsch«, sagte mir – leicht beleidigt – eine Mutter, »ich arbeite Teilzeit, um mehr Zeit für die Kinder und mich zu haben, für meinen Gesang und meine Gymnastik«. »Ich gebe meine Kinder nicht den ganzen Tag ab.« »In den zehn Jahren, zwischen meinem ersten und meinem letzten Kind, habe ich eine Entwicklung bei dem ersten Empfang der ganz Kleinen in der *Maternelle* festgestellt. Jetzt gibt es Schulen, wo die Eltern während der ersten Woche bleiben dürfen. Siehst du, selbst in Frankreich läuft jetzt alles auf mehr Individualität hinaus.« Und so weiter ...

Es stimmt, dass in manchen Bereichen ähnliche Entwicklungen festzustellen sind: Vielleicht sind die Franzosen dabei, den *modernen* Individualismus zu entdecken, ohne den alten – trotzigen – französischen Individualismus abgelegt zu haben: Sie wollen auch die eigene Zeit, eigene Aktivitäten und die Verfügbarkeit für sich selbst meistern. Dies bestätigt auch die soziologische und anthropologische Literatur. Manchmal gewinnt man sogar den Eindruck, diese Analysen seien der beschriebenen Gesellschaft voraus. Nehmen sie nicht manche Entwicklungen bei ihrem ersten Erscheinen auf, bereits vor dem Moment, wo sie nicht mehr nur Abweichungen, sondern Normen sind, die wirklich von vielen geteilt werden?

Ähnliche Entwicklungen treffen jedoch in jeder Nationalkultur auf unterschiedliches Terrain und auf unterschiedliche Gegeneinflüsse. Sie bedeuten indes keine Nivellierung. Die *École maternelle* ist etwas ganz anderes als der Kindergarten; und Feierabend ist nach wie vor Feierabend. Auch globale Entwicklungen werden von den jeweiligen Kulturen unterschiedlich interpretiert und umgesetzt.

Genauso wie sich die Generation Golf von der 68er Generation löst, wird sich zeigen, ob die Kombination dieses modernen Individualismus mit dem gallischen zu einem Identitätswandel beitragen wird oder nur eine Fußnote zum nationalen Ethos darstellt.

# Nachwort

## *Spiegelungen*

Mich freut es, dass sich jemand die Mühe macht, den Franzosen Charakter und Sitten der Deutschen zu erklären. Und dies sogar mit der Absicht, sie etwas sympathischer darzustellen. Das ist zwar eine schwierige, aber auch notwendige Aufgabe! Sich zum Anwalt der Deutschen zu machen, heißt nicht gleich zu behaupten, sie seien ohne Fehler. Es heißt nur, an einem besseren Verständnis zu arbeiten.

Seit mehr als zehn Jahren lebe ich in Frankreich und stelle immer wieder fest, wie wenig die Franzosen über die Deutschen wissen. Und vor allem: Sie sind nicht einmal neugierig. Dies mag meteorologische Gründe haben: Nach wie vor glauben die Franzosen, in Deutschland sei es das ganze Jahr über kalt und nass.

Mir gefällt, dass *Die Legende vom typisch Deutschen* nicht einseitig Stellung für die Deutschen oder für die Franzosen nimmt. Die Autorin scheint nicht davon überzeugt, dass die französische Lebensart besser sei. Kritisch ist sie auch gegenüber den Deutschen, und das ist um so besser. Das trägt zur Glaubwürdigkeit des Ganzen bei. Sie macht die Deutschen sympathisch, indem sie ihre ernsten Seiten untersucht.

Der Beschreibung der französischen Konversation als kollektives Spiel schließe ich mich auf jeden Fall an. Ich hatte auch meine Lehrzeit mit der französischen Kultur. Manchmal war ich außer mir oder verlegen. Die Kunst der Konversation ist das schwierigste Lehrstück. Zu Beginn meiner Pariser Zeit habe ich lange ehrlich auf die Frage, »Comment ça va?«, geantwortet. Im Deutschen ist die Frage keineswegs rhetorisch. Man ist nicht gezwungen, jede Konversation mit »Wie geht's?« zu beginnen, und wenn man es doch tut, dann ist der Gesprächspartner nicht gezwungen, automatisch mit »Ganz gut« zu antworten. Vielmehr erwartet man ein Lüften des Schleiers. Im Französischen ist es nur eine Floskel, ein vorgefertigter Satz. Ich konnte das nicht! Das war der Beginn einer langen Reihe von Missverständnissen mit den Franzosen. Was die Offenheit angeht, so bin ich sehr deutsch. Aus meinem Herzen eine Mördergrube zu machen, ist nicht meine Art. So hatte ich große Schwierigkeiten, mit den Franzosen wirklich in Kontakt zu kommen. Ich kannte viele Leute, sie waren nett, sprachen mit mir, aber ich hatte den Eindruck, der Kontakt bleibe an der Oberfläche. Ich war so verzweifelt, dass ich nach Berlin zurückkehren wollte. Es war mir nicht gelungen, den Schutzpanzer zu durchbrechen. Ich hatte Freundinnen, die ich regelmäßig traf, und nach einem Jahr und mehr erfuhr ich, dass sie Kinder hatten. In ihrem *öffentlichen* Leben sprachen sie nie darüber. Das wäre in Deutschland undenkbar. Während meines ersten Jahres in Marseille hatte ich viele Freunde, die nach außen das große Leben führten, ins Restaurant gingen, Autos hatten. Als es mir gelang, bei ihnen eingeladen zu werden – was nicht leicht war – wurde mir bewusst, dass sie wie in Höhlen hausten. Alles Geld, was sie besaßen, wurde für das Außenleben ausgegeben. Es ist wie bei den Stühlen in den Straßencafés: In Frankreich stehen sie alle mit dem Blick zur Straße und nicht zum Gegenüber. All das war für mich schwer zu ertragen. Ich war wie eine verwelkende Pflanze. Was ich gebraucht hätte, wäre ein wirklicher Austausch gewesen, Auge in Auge.

Irgendwann ging ich mit einem sehr guten französischen Freund essen, der zu mir sagte: »Annette, das musst du verstehen, mit dem ›comment ça va?‹. Es ist wie Messer und Gabel; damit kann man die Franzosen besser packen. Du musst diesen leichten Schwung mit machen: ›Comment ça va?‹ ›Ah! Super! Die Ferien waren ausgezeichnet.‹ Niemand will wissen, wo du im Urlaub warst. Aber danach kannst du zu anderen Dingen übergehen.«

Damals war das ein ausgezeichneter Tipp. Von dem Tag an habe ich mich bemüht, auch Nichtssagendes zu sagen. Es geht. Wenn man sie mit diesen Floskeln anheizt, sind die Franzosen bereit, sich zu öffnen. Aber das ist wirklich Arbeit. Madame de Staël hat gesagt, Schiller und alle Deutschen seien gut, aber schwerfällig und ohne Konversation. Anfangs war ich geneigt, ihr zuzustimmen. Es war sogar ein Grund, warum ich nicht mehr in Deutschland leben wollte. Mittlerweile schätze ich jedoch diesen Aspekt der so genannten deutschen Schwere. Im Alltag sind die Deutschen ernster als die Franzosen. Ein deutsches Gemüt kann mit Höflichkeit als notwendige Lüge nichts anfangen. Ich spreche nicht von Politik. Da wissen die Deutschen auch sehr gut zu lügen, aber im Alltag nicht. Wenn man im Deutschen den Superlativ benutzt, dann muss er auch gerechtfertigt sein. Wenn aber die Franzosen von der schönsten Frau der Welt sprechen, dann kann das für jede Frau gelten. Am Anfang war es meine größte Schwierigkeit, mich nicht entmutigen zu lassen, bevor ich hinter die Kulissen geschaut und das wahre sich dahinter verbergende Wesen entdeckt hatte. Dafür brauchte ich Zeit. Ich bin aber von der Entdeckungsreise nicht enttäuscht.

Wenn man die Franzosen kennt, sind sie wunderbar. Sie sind lebendig und geistreich. Nur eines erstaunt mich immer noch: Es ist die fast völlige Abwesenheit von Bescheidenheit, wenn es um ihr Land geht. Meines Erachtens wollen die Franzosen um jeden Preis die Idee von der *Grande Nation* aufrechterhalten. Jedoch ist das Leben nicht nur schwarz und weiß. Niemand ist perfekt, auch die Nationen nicht. Wenn sie sich der grauen und schwarzen Kapitel ihrer Geschichte stellen, und dabei weiterhin stolz bleiben würden, dann täte es allen gut. Aus geografischen, historischen und ethischen Gründen sind die Deutschen gezwungen worden, sich selbst kritischer zu betrachten und zudem einen Blick über ihre Grenzen zu werfen. Die Franzosen betreiben hingegen weiter gerne Nabelschau. Das ist übrigens das Ergebnis meiner Beobachtungen und kein altes Vorurteil, das ich etwa auf meinem Weg nach Frankreich mit im Gepäck gehabt hätte.

Die französischen Sportkommentatoren beispielsweise sind interessant: Zahlreiche Spiele haben französische Mannschaften verloren, weil die Kommentatoren sie im Voraus als Sieger ausgaben. Das war zu viel Druck! In Deutschland höre ich auch Sportsendungen und stelle einen wirklichen Unterschied fest. Die Kommentare sind ausgeglichener und weniger selbstgefällig.

Am Anfang war mir der französische Nationalstolz sympathisch, kam ich doch aus einem Land, in dem vor dem Fall der Mauer keine Deutschlandfahne geschwungen wurde oder keiner die Nationalhymne sang. Als ich die offene Liebe sah, mit der die Franzosen ihre Republik umarmten, fand ich das toll, eben weil dies nicht nur Rechtsradikale taten. Es darf aber nicht zu viel des Guten sein.

Nach jahrelangen Beobachtungen denke ich jedoch, dass dieser Stolz von oben kommt. Es liegt im Ton, in der Statur der Präsidenten dieser Republik. Alle haben wir die Metamorphose der Politiker gesehen, die normale Wesen waren und zu Halbgöttern geworden sind, weil sie meinten, die französische Größe zu verkörpern. In Deutschland würde man das als zu theatralisch empfinden und hätte Lust, das Individuum hinter der Maske zu suchen.

In den Nachrichten von ARTE ist es immer sehr schwierig, den deutschen Zuschauern das Thema Frankophonie angemessen zu vermitteln. Ich muss immer erklären, dass das der Commonwealth aller französischsprachigen Länder ist. Der Ruhm der französischen Sprache, den der Begriff Frankophonie vermittelt, wird außerhalb Frankreichs als antiquiert, als veraltete Weltsicht empfunden.

Wenn man die Fernsehnachrichten vergleicht, dann brillieren Italiener und Franzosen mit ihrer allabendlichen Messe. Was Frankreich sagt und tut, scheint dort auch Gesetzescharakter zu haben. So geht es im Journalismus und in der Politik zu. Ich glaube nicht, dass all das immer der Realität entspricht.

Das ist vielleicht erklärbar durch das unterschiedliche Verhältnis zur Politik. In Deutschland bemühen sich die Politiker, normale Menschen zu sein, ehrlich zu reden. Diese Transparenz besteht weiterhin, selbst wenn es in den letzten zehn Jahren Verstöße gegeben hat. Franzosen haben hingegen immer noch das Gefühl, dass diejenigen, die sie regieren, besondere Menschen seien – die Elite aus den berühmten Schulen. Das ist sicherlich in den letzten Jahren zerbröckelt. Dennoch bleibt der Gedanke, diese Menschen seien allwissend. Ein Beweis dafür ist, dass man hohen politischen Persönlichkeiten verzeiht, wenn sie Gauner sind. Es ist sogar möglich, dass sie wiedergewählt werden. In Deutschland wäre dies unmöglich, sobald man einmal alle Illusionen über die moralischen Werte von Politikern verloren hat. Es ist so: Die Franzosen belohnen ihre Regierenden damit, dass sie sie als Inkarnation der Größe des Landes sehen.

In den 14 Jahren, die ich hier lebe, haben sich jedoch Dinge geändert, z. B. das Verhältnis zur Geschichte. Man hat mit der Staatsräson eines Mitterrand gebrochen, der die Büchse der Pandora nicht öffnen wollte. Derzeit versucht man, mit einer Geschichtswahrnehmung zu leben, die für das nationale Ego weniger rosig und schmeichelhaft ist, – eine Art Vergangenheitsbewältigung *à la française*. Nach Vichy wird nun der Algerienkrieg aufgearbeitet. In Deutschland hört dieses Fragen nach der Geschichte aus verständlichen und in der Geschichte einmaligen Gründen nie auf.

Für mich ist das föderalistische Modell für Europa eine Selbstverständlichkeit. Sichtlich schlecht gelaunt stehen die Franzosen diesem Modell gegenüber, das historisch gesehen nicht ihres ist. Es ist jedoch auch kein rein deutsches Modell. Die prinzipiellen französischen Vorbehalte, dass es sich um ein deutsches Modell handelt, scheinen der Herausforderung nicht angemessen. Ich denke, der Föderalismus ist eine Lösung für Europa, um ein Maximum an Vielfältigkeit zu erhalten. So weit ich weiß, spricht niemand von einer europäischen Globalisierung.

Die kleinen Länder wollen Gehör finden, da sie Angst haben, sonst von den Schwergewichten ausradiert zu werden. 25 Länder versuchen, ihr Schicksal gemeinsam zu bestimmen. Das wird uns allen etwas Neues bringen. Ein Trio wie England, Frankreich und Deutschland scheint mir als Motor vorstellbar. Dafür müssten die Franzosen aber ihr Ego ein wenig zurücknehmen, ebenso wie die Engländer, und die Deutschen müssten lernen, mit ihrem wiedergefundenen Ego gut zu leben.

Bei ARTE haben wir ebenfalls Probleme mit nationalen Egos. Ich bin überzeugte ARTEistin, arbeite seit zehn Jahren für diesen Sender und bin nach wie vor davon begeistert, dass nationale Scheuklappen über Bord geworfen werden. Viele Kollegen sind auf der gleichen Wellenlänge, aber leider ist das nicht immer bei den Verantwortlichen der Fall. Diese sind sehr zufrieden damit, ein gemeinsames Dach für einen französischen und einen deutschen Kanal zu haben, aber eher parallel als gemeinsam. Die Machthabenden bei ARTE sitzen nicht in Straßburg, sondern in Paris und in Deutschland. In ihren jeweiligen Hochburgen schaffen sie es immer noch nicht, den Nationalreflexen zu widerstehen. Das ist nicht unbedingt gut für ARTE.

Ich rede nicht nur von ARTE, wenn ich sage, dass das Fernsehen von Menschen gemacht wird, die eine bestimmte Idee davon haben, was der Zuschauer sehen will. Wenn Sendungen, von denen sie es erwartet haben, tatsächlich viele Zuschauer haben, fühlen sie sich in ihrer Meinung bestätigt. Es bleibt jedoch nachzuweisen, ob das französische Publikum sich nicht für Programme interessieren könnte, die von Europa und der übrigen Welt erzählen. Man muss den Mut haben, solche Programme auf den Bildschirm zu bringen, auch wenn die erste Sendung nicht gleich die beste Zuschauerquote des Jahres bringt.

Ich spreche auf lebhafte Art und Weise. Deshalb haben mich die Franzosen angenommen. Sie finden es lustig, dass ich so südländisch geworden bin. Einmal jedoch sagte mir ein deutscher

ARTE-Direktor nach einer Sitzung:»Annette, Sie müssen aufpassen; sie verlieren langsam ihre nationale Identität.« Der Satz hat mich schockiert. An dem Tag hatte ich in einer Diskussion einen französischen Standpunkt eingenommen, nicht aus nationalen Gründen, sondern weil ich die französische Argumentation besser fand. Im übrigen spüre ich auch nicht das Bedürfnis, mich als Deutsche zu definieren. Ich bin Berlinerin von Geburt, Pariserin vom Wohnsitz und vom Denken her Europäerin. Nie habe ich jedoch daran gedacht, meinen deutschen Pass gegen einen französischen auszutauschen. Warum denn? Wir sind in Europa. Ich sehe wirklich nicht ein, warum ich einem deutschen Redakteur Recht geben sollte, nur weil er deutsch ist.

Mein eigentlicher Gedanke über die Deutschen und die Franzosen ist der: Sie können sich gegenseitig perfekt inspirieren. Wenn man die deutschen und die französischen Qualitäten zusammennimmt, hat man einen fast perfekten *Homo europeanus*. Diese Charaktere können sich gegenseitig befruchten und ergänzen. Die Deutschen etwas leichter und die Franzosen etwas weniger arrogant: was für eine wunderbare Perspektive! Ich für meinen Teil versuche, mich von den jeweiligen Qualitäten beiderseits des Rheins inspirieren zu lassen. Und um so besser, wenn ich in Deutschland manchmal für einen Paradiesvogel gehalten werde, der seinen Satz mit »Voilà!« beendet und der mit den Händen spricht; und für die Franzosen bleibe ich ein Modell von Disziplin und Härte ... In Zukunft möchte ich eine Spur britischen Humors hinzufügen und ein Stückchen niederländische Toleranz, meine Kenntnisse der italienischen Küche verbessern und wie die Spanier tanzen lernen ...

Auf Europäisch Ihre
Annette Gerlach

*Annette Gerlach ist Journalistin bei ARTE. Sie ist Deutsche und lebt in Paris.*

# Anmerkungen

1   Beispielsweise denke ich an das Buch von Michel Meyer, *Le Démon est-il allemand?* (Ist der Teufel ein Deutscher?), Grasset, Paris 2000. Sein Titel ist eine Anspielung auf Sieburgs *Gott in Frankreich*, welcher in der Zeit zwischen den beiden Weltkriegen das deutsche Frankreichbild geprägt hat. Er versucht aber auch, die Bedrohung durch die »schlafenden Dämonen« zu reaktivieren. Vgl. dazu Isabella von Treskow, *Der romantische Deutsche – versäumt, sensibel, gefährlich. Zu historischen und semantischen Aspekten eines ambivalenten Stereotyps*, in Recherches germaniques, 31, 2001.

2   Jean-Pierre Chevènement hat danach erkannt, dass er »die Versuchung des post-nationalen im Spiegel des ante-nationalen« erklären wollte (Dialog mit Joschka Fischer im Anschluss an seine Äußerung über die Nazi-»Entgleisung«, in: *Le Monde*, 21. Juni 2000).

3   Alexander Adler, Le projet »européen« de Jörg Haider, in: *Le Monde*, 24. 2. 2000.

4   Eine Ausnahme bildet das Buch von Pascal Hugues, *Das deutsche Glück*, DVA, Stuttgart 2000.

5   Das ist vor allem charakteristisch in dem bereits zitierten Buch von Michel Meyer.

6   Verwiesen sei z. B. auf die Arbeiten von Jacques Pateau.

7   Vgl. z. B. die Arbeiten von Geert Hofstede und Edward T. Hall.

8   Raymonde Carroll, *Évidences invisibles* (Unsichtbare Selbstverständlichkeiten), Seuil, Paris 1987.

9   Vgl. Geert Hofstede, *Cultures and Organizations: Software of the Mind*, McGraw-Hill Book Company, London 1991.

10   Vgl. z. B. Wolf Wagner, *Kulturschock Deutschland*, Rotbuch Verlag, Hamburg 1996.

11   Zur Geburt selbst, vgl. das Kapitel 4, Körper und Seele, im Teil 2.

12   N. J. Bumgarner, *Wir stillen noch – über das Leben mit gestillten Kindern.*

13   Jean Liedloff, *Auf der Suche nach dem verlorenen Glück*, C. H. Beck, München 1980. Der Unterschied zwischen dem Originaltitel und der deutschen Übersetzung ist bemerkenswert. Der englische Titel

war viel technischer: *The Concept of Continuum*. Der deutsche Titel wird von einem deutlich wertenden Untertitel begleitet: *Gegen die Zerstörung unserer Fähigkeit zum Glück in der frühen Kindheit*.

14 Vgl. Franz Schultheis, *Familiale Lebensformen, Geschlechterbeziehungen und Familienwerte in Deutschland und Frankreich*, in: Renate Köcher/Joachim Schild (Hg.), *Wertewandel in Deutschland und Frankreich. Nationale Unterschiede und europäische Gemeinsamkeiten«*, Leske und Budrich, Opladen 1998, S. 207–225.

15 Barbara Sichtermann in *Vorsicht Kind!* (Wagenbach, Berlin 1982) warnt vor dem »Preis des frühen Abstillens«. Auch wenn ihr Buch für eine – relative – Entlastung der Mütter plädiert (was für deutsche Verhältnisse schon außergewöhnlich ist), malt es ein schuldeinflößendes Bild des »frühen« Abstillens, das für französische Verhältnisse etwas beeindruckendes hat!

16 Vgl. F. Schultheis, *Familiale Lebensformen*, a. a. O.

17 Vgl. Barbara Vinken, *Die deutsche Mutter*, Piper Verlag, München 2001. Vinkens kritische Beschreibung der besonderen deutschen Verehrung der Mütterlichkeit und Überbetonung der privaten und familiären Sphäre kann man nur zustimmen. Ich würde jedoch die gegenwärtige Wiederkehr des Phänomens in der Form der »neuen Mütterlichkeit« nicht unbedingt im Sinne des Traditionalismus interpretieren. Vgl. unten das Kapitel 2, Die Familie: Erwartungen und Ängste, im Teil 2.

18 Karl-Heinz Götze, *Französische Affären*, Fischer-Taschenbuch-Verlag, Frankfurt am Main 1995.

19 Anders als die ErzieherInnen in Deutschland, verfügen die *école-maternelle-LehrerInnen*, genau wie die GrundschullehrerIn-nen, über ein akademisches Studium. Die *dames de service* hingegen sind städtische Angestellte ohne pädagogische Qualifi-kation.

20 Raymonde Carroll hat in *Évidences invisibles* einen ähnlichen Gegensatz zwischen französischem und amerikanischem Eltern- und Kinderverhalten aufgedeckt. Generell stimmen viele ihrer Beobachtungen zum franko-amerikanischen Vergleich mit dem deutsch-französischen überein.

21 Jirina Prekop, *Kinder sind Gäste, die nach dem Weg fragen. Ein Elternbuch*, Kösel Verlag, München 1999.

22 Auch Raymonde Carroll beschreibt dieses Verhalten in *Évidences invisibles.*

23 Cornelia Nitsch, *Das andere Erziehungsbuch,* Mosaik Verlag, München 1990, S. 27 f.

24 Cornelia Nitsch, a. a. O., S. 24 f.

25 In Deutschland absolvieren nur etwa 40 %, in Frankreich inzwischen 70 % eines Jahrganges das Abitur. Soziologisch gesehen ist das Publikum der Lycées nicht das eines Gymnasiums. Die Lycées d'enseignement général sind mit den deutschen Gymnasien vergleichbar, die Lycées d'enseignement professionnel mit einer Realschule.

26 Es ist nicht übertrieben, wenn man sagt, dass in Frankreich spätestens mit der Sekundarstufe das soziale Lernen von der Tagesordnung vollkommen verschwunden ist. Als einzige Alternative bleiben dann sehr repressive und notwendige Maßnahmen.

27 Philippe d'Iribarne, *La Logique de l'honneur,* Seuil, Paris 1989.

28 Susanne Gaschke, *Die Verachtung der Langsamkeit,* in: *Die Zeit,* 30. 11. 2000, S. 10.

29 Michel Foucault, *Sexualität und Wahrheit. Die Sorge um sich,* Suhrkamp Verlag, Frankfurt am Main 1991.

30 Hélène Riffault, *Arbeitswerte in Deutschland und Frankreich,* in: *Wertewandel,* a. a. O., S. 113.

31 Heiner Meulemann, *Arbeit und Selbstverwirklichung in Balance,* ebd., S. 148.

32 Vgl. hierzu die bereits zitierten Arbeiten von Heiner Meulemann, Jacques Pateau und Hélène Riffault.

33 Jacques Pateau, *Arbeitswerte und Managementstile,* in: *Wertewandel,* a. a. O., S. 166.

34 Jacques Pateau, a. a. O., macht auf den Gebrauch dieses Ausdrucks aufmerksam.

35 Edward T. Hall, *Guide du comportement dans les affaires internationales, Allemagne, Etats-Unis, France* (Handbuch zum Benehmen bei internationalen Geschäften, Deutschland, USA, Frankreich), Seuil, Paris 1990.

36 Vgl. hierzu E. T. Hall, a. a. O., S. 210.

37 Hier ist allerdings auch zu nuancieren. In Frankreich ist das Spielen

eines Instrumentes in den letzten Jahren beachtlich demokratisiert worden. Daher ist es wohl besser zu sagen, dass das Spielen eines Instrumentes in Deutschland traditionell verbreiteter war, auch in Kreisen, in denen es bis vor kurzem in Frankreich unbekannt war.

38 Vgl. Claudine Attias-Donfut, *Generationenverhältnis und sozialer Wandel*, in: *Wertewandel*, a. a. O., S. 184.

39 Gemäß einer neuerlichen Studie, verdienen Männer noch drei Viertel der Unterhalte. Ideologisch wäre die Gesellschaft reif für eine andere Aufgabenverteilung, aber die Steuer- und Sozialpolitik halten die Eltern in ihren Rollen (Vgl. Michael Metzner, *Vaterschaft heute. Klischees und soziale Wirklichkeit*, Campus Verlag, Frankfurt am Main 1998).

40 Jüngere Untersuchungen zeigen, dass die Beteiligung von Männern an Familien- und Hausaufgaben in Frankreich zum Verzweifeln gering bleibt und sogar tendenziell zurückgeht.

41 Vgl. den Bericht vom Conseil d'analyse économique sur l'égalité entre hommes et femmes (Rat für Wirtschaftsanalyse, zur Gleichheit von Männern und Frauen vom März 1999), sowie die vergleichende Studie, Susanne Schunter-Kleemann (Hrsg.), *Herrenhaus Europa*, Edition Sigma, Berlin 1992.

42 Es gibt auch eine breite Palette an Zuschüssen oder an steuerlichen Begünstigungen für Betreuungskosten, so dass Familien leichter Betreuungskräfte anstellen können.

43 »Ehe und Familie stehen unter dem Schutz des Grundgesetzes.« Die französische Verfassung erwähnt die Familie gar nicht!

44 Diese Idealisierung kann aber auch einen Tatbestand reflektieren: In Frankreich erreicht die Zahl unehelicher Geburten mittlerweile fast 50 %. In Deutschland sind es viel weniger. Auch gibt es in Deutschland verhältnismäßig mehr verheiratete Paare. Es wird weiter geheiratet, um eine Familie zu gründen, wohingegen man sich in Frankreich oft nicht mehr die Mühe macht ...

45 Im Zeitraum 2000 – 2001 las ich regelmäßig in der deutschen Presse Artikel mit Titeln wie *Erziehungssabotage* oder *Die Elternkatastrophe*, die das Verfallen der Familie beklagten. Erziehungssabotage. Aus politischen Zeitschriften: Rückblick auf die Familie (von Arnulf Baring, Frankfurter Allgemeine Zeitung, 14. Juni 2000)

war eine Sammelbesprechung verschiedener Aufsätze zum Thema Familie in soziologischen Zeitschriften, wovon der eine die schlimmen Folgen für die Kinder einer »Entmütterlichung infolge der überfürcierten Emanzipation der Frauen« beklagte, der andere »den zeitlichen Aufwand des Berufs eines Elternteils so weit wie möglich an die Bedürfnisse der Kinder anzupassen, also abzuwägen, was den Kindern zuzumuten ist und was sie überfordert«, empfahl. Die Elternkatastrophe (Susanne Gaschke. Die Zeit, 26. 04. 01) kritisierte die »Erziehungsweigerung« unverantwortlicher Eltern, die ihre Aufgabe an »eine staatliche Institution« – die Schule – abtreten wollen und kritisiert die Einführung der Ganztagsschule, »die so oft in selbst entlastender Absicht erhoben wird« und »von der Erziehungskrise in den Elternhäuser (ablenkt)«. Dies war aber kurz vor dem PISA-Schock. Ich will mich hier mit diesen Stellungnahmen inhaltlich nicht auseinander setzen. Mir sind sie zunächst aufgefallen, weil mir ihr moralisierender und den Familien gegenüber beschuldigender Ton aufgefallen ist. Dieser Ton ist in Frankreich undenkbar. Außerdem fühlte ich mich als arbeitende – jedoch für meine Kriterien nicht unverantwortliche und unmenschliche – Mutter attackiert!

46 Elisabeth Dessai, *Ein Kind? Höchstens eins! Vom Geburtenrückgang zur künstlichen Menschenproduktion*, Rowohlt Verlag, Reinbek 1985. Sie ist zugleich die Autorin von dem Titel *Auf dem Weg in die kinderlose Gesellschaft*, Rowohlt Verlag, Reinbek 1979.

47 Die Philosophin Elisabeth Badinter hat einst – ganz nach Simone de Beauvoir – den Begriff des »mütterlichen Instinkts« als eine ideologische Konstruktion entlarvt (Vgl. *Die Mutterliebe. Geschichte eines Gefühls vom 17. bis zum 19. Jahrhundert*, Piper Verlag, München 1988).

48 Der Beschreibung des Phänomens deutsche Mütterlichkeit durch Barbara Vinken (Vgl. *Die deutsche Mutter. Der lange Schatten eines Mythos*, Piper Verlag, München 2002) stimme ich zwar voll und ganz zu, nicht aber ihrer historischen Interpretation. Ich glaube, es ist nicht ganz richtig die heutige Auffassung der Mutterrolle als Schatten der Vergangenheit, als bloße traditionalistische Akzeptanz zu interpretieren. Zu dieser Rollenauffassung gehören auch

Komponenten, die für moderne Gesellschaften typisch sind. Außerdem haben diese Verhältnisse in Deutschland stark mit der Vergangenheitsbewältigung zu tun.

49 So formuliert es z. B. ein ansonsten so glaubhafter Beobachter wie E. T. Hall:»Für die Deutschen ist der Raum heilig. Die Häuser sind gegen die Außenwelt durch Zäune, Hecken, kleine Mauern, Vorhänge, Gardinen und Jalousien geschützt, damit nichts eindringt« (Vgl. E. T. Hall, a. a. O., S. 73 f.).

50 Über die Beziehungen zu den Nachbarn vgl. Teil 3. E. T. Hall schreibt über die Franzosen, dass sie»ihren Raum nicht so stillschweigend und selbstverständlich teilen« wie die Amerikaner (ebd., S. 202). Die Deutschen teilen vielleicht auch nicht so stark wie die Amerikaner, aber auf jeden Fall mehr als die Franzosen.

51 E. T. Hall, a. a. O., S. 74.

52 Deutschland hat nach den Niederlanden den höchsten Stand an Fehlzeiten.

53 Jacques Pateau, *Arbeitswerte und Managementstile*, in: *Wertewandel*, a. a. O, S.160.

54 Vgl. hierzu Geert Hofstede, *Cultures and Organizations: Software of the mind*, a. a. O., S. 23–48.

55 Vgl. Louis Dumont, *Essais sur l'individualisme*, Gallimard, Paris 1985, S. 157/ 158.

56 Thomas Mann, *Betrachtungen eines Unpolitischen*, S. Fischer Verlag, Frankfurt am Main 1983.

57 E. T. Hall, *Guide du comportement dans les affaires internationales*, a. a. O.: Nordamerikaner würden sich durch den südländischen geschützten Privatraum zurückgestoßen fühlen.

58 Ich kann mir schlecht vorstellen, dass eine gemeinsame Hofbegrünung – wie man sie in Berlin und anderen deutschen Großstädten seit den 1980er Jahren kennt – in Frankreich zustande kommen würde.

59 Vgl. E. T. Hall, *Guide du comportement*, a. a. O., S. 201.

60 Es handelte sich um Familien, die nach Toulouse gekommen waren, da ein Elternteil in der Luftfahrtindustrie arbeitete.

61 Raymonde Carroll, *Évidences invisibles*, a. a. O., S. 60 ff.

62 Sehr ähnliche Beobachtungen macht Paul Ingendaay zu dem

deutsch-spanischen Unterschied in seinen *Gebrauchsanweisungen für Spanien*, Piper Verlag, München 2002.

63 Raymonde Carroll hat eine ähnlich amerikanische Geste beschrieben (Vgl. *Évidences visibles*) und bemerkt dabei, dass bei dieser feierlichen Umarmung das Tätscheln auf den Rücken eine Beziehung ohne sexuelle Dimension darstellt.

64 Brigitte Sauzay, *Journal de Berlin* (Berliner Tagebuch), Plon, Paris 1998, S. 243.

65 Es wurde durch Jack Lang, dem Kulturminister von Mitterrand, initiiert.

66 Das ist in Frankreich eigentlich nur bei Absolventen bestimmter Grandes Écoles (Elitehochschulen) der Fall, dei denen der Gemeinschaftsgedanke stark ausgeprägt ist.

67 Vgl. Jacques Pateau, *Arbeitswerte und Managementstile*, in: *Wertewandel*, a. a. O., S. 166.

68 In den USA ist der bloße Nachnahme üblich, auch bei der Benennung von Autorinnen. Der akademische Feminismus hat durchgesetzt, dass Frauen in dieser Hinsicht wie Männer behandelt werden. Im Französischen klingt es sehr hart. Bis in die 1970er Jahre war es üblich, dass Lehrer die Jungen mit dem Nachnahmen anredeten, die Mädchen mit einem respektvolleren »Mademoiselle«. Wenn es eine Gerechtigkeit geben soll, dann würde ich es persönlich bevorzugen, wenn alle mit Vornamen und Nachnamen angesprochen werden.

69 Pierre Bréchon, *Politisierung, Institutionenvertrauen und Bürgersinn*, in: *Wertewandel*, a. a. O., S. 240 ff.

70 In Dänemark ist der Bürgersinn am stärksten ausgeprägt.

71 Als in den letzten Jahren (in beiden Ländern) der Öffentlichkeit bekannt wurde, dass Priester manchmal über Jahre Jugendliche sexuell mißhandelt haben, erschien die Rechtfertigung ihrer Vorgesetzten, sie seien durch die Schweigepflicht daran gehindert worden, es zu melden, der Öffentlichkeit und der Justiz nicht akzeptabel. Ich erinnere mich auch an eine französische Plakatkampagne gegen sexuellen Missbrauch Minderjähriger durch Verwandte: Auf dem Plakat war ein junges hochschwangeres Mädchen abgebildet – fast noch ein Kind. Der Text lautete: »Wenn die

Nachbarn sich in das, was sie nichts angeht, früher eingemischt hätten, wäre es nicht soweit gekommen.« Die Gewalt dieses Bildes zeigte deutlich, dass die Verfasser sich bewusst waren, ein Tabu zu berühren, das in Frankreich stark ausgeprägt ist. Diese Kampagne stellte das Prinzip der Nicht-Einmischung in die Privatsphäre des Anderen in Frage: Sie zeigte Situationen, in denen Einmischung legitim ist.

72 Luc Rosenzweig, *Helmut le maudit* (Helmut der Verdammte), in: *Le Monde*, 27. Januar 2000. Um die Opposition besser zu schmieden, rückte er die Forderung nach Transparenz in eine alte Tradition: die der öffentlichen Beichte bei den Pietisten im 17. Jahrhundert. In dieser Tradition sei auch die freiwillige Stasi-Mitarbeit eines bedeutenden Teils der DDR-Bevölkerung zu verstehen.

73 Pascale Hugues, *Le bonheur allemand*, Seuil, Paris 1998, S. 115.

74 Joachim Schild, *Wertewandel und politischer Protest. Die wachsende Bedeutung direkter Partizipationsformen*, in: *Wertewandel*, a. a. O., S. 249.

75 Luc Rosenzweig, *Die Zeit*, 5. Juli 1991, S. 5; Luc Rosenzweig war Korrespondent von Le Monde in Bonn.

76 In Frankreich hat die 68er Generation sehr früh diese (Selbst-)Kritik formuliert. Vgl. das 1981 in Frankreich erschienene Buch von Pascal Bruckner und Alain Finkielkraut, *Das Schluchzen des weißen Mannes*, Rotbuch Verlag, Berlin 1984.

77 Theodor W. Adorno, *Erziehung nach Auschwitz*, a. o. O., S. 93/94.

78 Zwar könne die Zivilgesellschaft demokratisch sein, aber nicht wirklich politisch. Von manchen ist sogar diese Nuance zu einem regelrechten Gegensatz verhärtet worden: Régis Debray stellt zum Beispiel die Republik (den über den Staat politisch gewordenen Raum) der (noch nicht wirklich politisch gewordenen) demokratischen Gesellschaft entgegen. Demnach seien angelsächsische Länder (die Zuschreibung ließe sich ohne weiteres auf Deutschland ausweiten) zwar demokratisch, aber politisch nicht ausgereift, was nur die Republik (im französischen Sinne: der vom Staat durchorganisierte gemeinsame Raum) ermöglicht. Diese künstliche Gegenüberstellung täuscht darüber hinweg, dass unter dem Begriff Demokratie genau das praktiziert wird, was man in Frankreich der

Republik zuschreibt: dass die öffentliche Gewalt im Sinne des öffentlichen Wohls handelt und über den partikularen Interessen steht.

79 Emmanuel Terray, *Ombres berlinoises, Tombeau d' Ulrike Meinhof* (Berliner Schatten, Das Grab von Ulrike Meinhof), Odile Jacob, Paris 1996, S. 237 f.

80 Theodor W. Adorno, *(...) die Kraft zur Reflexion, zur Selbstbestimmung, zum Nicht-Mitmachen*, a. a. O., S. 90.

81 Zur Bedeutung von den 68ern in den beiden Ländern, vgl. Étienne François, Mathias Middell, Emmanuel Terray, Dorothee Wierling (Hrsg.), *1968, ein europäisches Jahr*, Leipziger Universitätsverlag, Leipzig 1997.

82 Florian Illies, *Generation Golf*, Argon Verlag, Berlin 2000.

83 Vgl. Luc Ferry, *Le nouvel ordre écologique. L'arbre, l'animal et l'homme*, Grasset, Paris 1988. Der Titel verweist auf den Namen einer rechtsradikalen Organisation (Ordre nouveau), die im Frankreich der 1970er Jahre tätig war.

84 Tierschutzgesetz und Reichsjagdgesetz von 1934, Reichsnaturschutzgesetz von 1935.

85 Walther Schoenichen, *Naturschutz im Dritten Reich*, Berlin 1934; *Naturschutz als völkische und internationale Kulturaufgabe*, Jena 1942.

86 Louis Dumont, *Essais sur l'individualisme*, a. o. O., S. 153.

87 Sehr merkwürdig war auch die Präsentation des deutschen Philosophen Hans Jonas als Meisterdenker der deutschen Grünen und Auferstehung der braunen Pest im grünen Gewand. Als Le nouvel ordre écologique 1988 in Frankreich erschien, war noch kein Buch von Hans Jonas ins Französische übersetzt. Man kann sich demnach fragen, ob Ferry von ihm nichts wusste oder ob er damit spekulierte, dass das französische Publikum es ihm abkaufen würde. Niemals erwähnt Ferry, dass Hans Jonas Jude war, 1933 nach Palästina emigriert, 1945 nach Deutschland in britischer Uniform zurückgekehrt ist; und dass er nach dem Krieg an der New School for Social Research in New York gelehrt hat. Man erfährt nur, dass er Schüler von Heidegger gewesen ist, als ob dies an sich ein Beweis nazistischer Einstellungen wäre ...

88  Alain Finkielkraut, *La défaite de la pensée*, Gallimard, Paris 1987.

89  Michel Meyer, a. a. O., S. 108.

90  Anspielung auf das von der letzten sozialistischen Regierung ver-
abschiedete Gesetz zur Arbeitszeitreduzierung (»loi sur les 35 heu-
res»), auch als »RTT« (réduction du temps de travail) bekannt.